中世から近世へ

宇喜多秀家

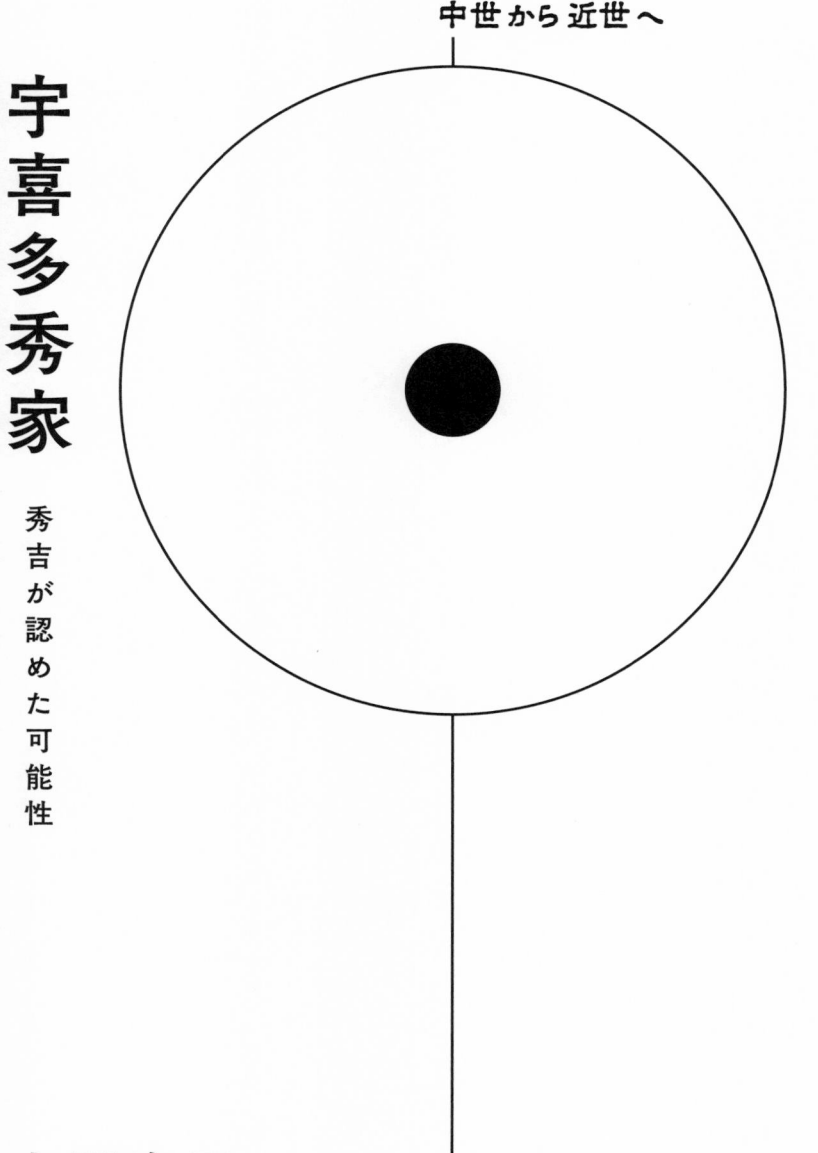

秀吉が認めた可能性

大西泰正

平凡社

装幀　大原大次郎

宇喜多秀家◉目次

〈凡例〉

◉引用史料は、基本的に読み下したうえ、読点・濁点を付したり、字体を常用漢字に改めるなど適宜整理を加えた。行論上、原文を引用した場合も、読み下せるようフリガナを付した。なお、豊臣秀吉による仮名書き書状については、特に原文の表現を尊重して、そのまま引用を行っている。

◉引用史料の現代語訳は、逐語訳に努めたが、理解しやすいよう適宜意訳を行っている箇所がある。

◉先行研究は、[著者・編者の名字＋刊行年]で示した。

◉同時代史料では、五大老を「五人のしゆ」「奉行」、五奉行を「五人の物」「年寄」「奉行」と表現するが、本書では叙述の複雑化を避けるため、これらを意味する分析概念として「大老」「奉行」の語を用意して表記の統一を図った。

はじめに――正当な評価を待つ時代の徒花

宇喜多秀家の可能性

十六世紀の終末期、豊臣秀吉（一五三七～九八）が樹立した我が国全土を支配下におく政治権力は、一般的に豊臣政権と呼ばれる。徳川家康（一五四二～一六一六）が関ヶ原合戦に勝利して徳川幕府成立の素地を固めた慶長五年（一六〇〇）、あるいは家康が征夷大将軍に就任して幕府を開いた慶長八年をその終期とみれば、秀吉の旧主織田信長（一五三四～八二）の横死から数えても、豊臣政権の存在期間はわずか二十年程度であった。

そのわずかな期間の、さらに一時期、政権の意思決定は、複数の有力大名に委ねられた。慶長三年八月十八日、専制をほしいままにした秀吉が伏見城（京都市伏見区）にて病没した。残された後継者秀頼（一五九三～一六一五）は六歳の幼児に過ぎない。そのため関ヶ原合戦までの約二年、秀頼の代行を五人の「大老」や五人の「奉行」が務めた。後世、五大老・五奉行と呼ばれた大名たちである。彼らの具体的な権限を考えると議論が複雑になるが、形式的にいえば、秀吉が大名に取り立てた石田三成（一五六〇～一六〇〇）らの「奉行」よりも、政権が立ち上がってくる時期、すでに一国一城の主であった徳川家康らの「大老」の方がはるかに格上である。官位の高さ、領国の規模、いずれをとっても「奉行」の面々は「大老」各位に遠く及ばない。

ほんの一時期だが、理屈のうえでは徳川家康・前田利家（一五三七～九九）・宇喜多秀家（一五七二～一六五五）・上杉景勝（一五五五～一六二三）・毛利輝元（一五五三～一六二五）、以上五人の「大老」が国政を左右した。そのうち徳川幕府の創立者徳川家康、近世を通じて随一の石高を誇った加賀藩（金沢藩）の祖前田利家、関ヶ原合戦を経て領地こそ削られたが、明治維新まで続く米沢藩を残した上杉景勝、同じく萩藩（長州藩）を残した毛利輝元の四人は、残存史料にも恵まれ、彼らの業績の数々もひと通りは研究が尽くされ、知名度も高い。

しかし残った一人、備前岡山の大名宇喜多秀家は、関ヶ原合戦に敗れて没落し、大名としての宇喜多氏は滅亡した。そのため関係史料は散逸し、具体的な動向もほとんど追究されず、一般的にも著名とはいいづらい。豊臣政権の最高幹部であったにもかかわらず、秀家という人物は事実関係の多くが不明のまま、歴史的に正しく評価される機会を逸してきたのである。

関ヶ原合戦さえなければ、あるいは合戦の勝利者が家康ら「東軍」ではなく「西軍」であったとすれば。大胆な仮定が許されるなら、秀家はそもそも没落を免れ、国政の枢機に関わり続けたであろう。格式のうえでは、秀吉の病死から約半年後に前田利家が世を去ったので、徳川家康に次ぐ序列第二位に秀家は浮上していた。秀家はしかも際立って若い。家康より三十年、利家より三十五年、景勝より十七年、輝元より十九年遅れて生まれ、彼らのうち誰よりも長い生涯を送った。正室樹正院（じゅしょういん）（一五七四～一六三四）は利家の娘で秀吉の養女であったから、豊臣秀頼は義理の弟にあたる。そう遠くない将来、秀家は、成人した秀頼の義兄として、豊臣政権の屋台骨を支えるはずであった。

空想とはいえ、秀家の可能性はかくも豊かに展望できる。関係史料に乏しくとも、具体的な事実関係は明らかにするべきであり、さらに秀家が果たした歴史的な意義も考える必要がある。十六世紀末の一時期の問題かもしれないが、秀家の存在を欠く歴史叙述に歪みなしとはいいきれない。

豊臣政権の構造や、政権にまつわる事実関係を解き明かすには、家康・利家らへの注目に加えて、秀家の動静を具体的に見定め、その知見を議論に組み込む必要があろう。ひるがえっていえば、秀家に視点を据えた検討が、新たな歴史像、豊臣政権像を切り開く可能性をもっている。

通説と俗説

宇喜多秀家は、一地方大名にとどまらず、豊臣政権の「大老」として、短期間とはいえ、十六世紀末の日本の国政に深く関わった重要人物である。

しかるに、近年にいたるまでその足跡は、不明確な伝承をベースに、あいまいに語られるのが通例であった。宇喜多秀家、ないし宇喜多氏研究自体のこうした停滞は、関係史料、特に同時代史料の残存数の絶対的不足にあるとみられ、筆者もまた、近年までそう考えてきた［倉地他一九九八、三宅二〇〇二、大西二〇一二b等］。

たとえば、史料原本である正文、ないし内容が確認できる秀家の発給文書は、しらが康義氏の作成した目録から集計すると二一七通である［しらが一九九六］。筆者がリスト化した秀家の義兄前田利長（利家の嫡男。一五六二～一六一四）の発給文書一六〇三通と比較すると、秀家のそれは明らかに僅少である［大西二〇一六a等］。

戦後歴史学の中心課題であった土地制度史をめぐる史料にも宇喜多氏は恵まれていなかった。文禄三年（一五九四）に秀家は領国全域にわたる検地（惣国検地）を実施したが、郷村の検地結果を記録した史料、すなわち検地帳は、赤穂郡真殿村（兵庫県赤穂市）のそれ一冊の写本しか現存していない（寺領帳は複数が伝来）［しらが一九八四］。

したがって、秀家の経歴も特に厳密な検証を経ることなく、近世以来の各種伝承が通説として語られている場合が少なくない。たとえば、①呼称、②元服の時期、③婚姻（祝言）の時期という秀家の基本的情報についてすら〈表1〉の通り諸説紛々である。おおむね二十世紀段階では、①呼称は幼名＝八郎、②元服の時期＝天正十三年（一五八五）三月、③婚姻の時期＝天正十七年春、という理解が通説といえる。論拠はいずれも岡山藩士土肥経平（一七〇七～八二）の編著「備前軍記」という編纂史料であるらしい。「備前軍記」の成立は近世後期。編者土肥経平の序文には安永三年（一七七四）の年紀がみえる。

そこで、同時代史料の断片と各種の編纂史料を比較検討すると、①幼名＝八郎説には特段の問題はない。八郎を通称（仮名）のように用いた形跡もあるが、②元服の時期が不明確な以上、これを幼名でなく通称とのみ断ずるのは不適切であろう。羽柴秀勝（織田信長の五男）の「次」のように、「八郎という幼名が通称としても用いられた」と想定すべきではなかろうか。②元服の時期はいま述べたように定かでない。天正十三年説は、「備前軍記」でしか確認できないからか、近年は言及が避けられている。③婚姻の時期は、筆者が同時代史料を検証して天正十六年正月以前に絞り込んだ［大西二〇一二a・二〇一七a・二〇一九b］。ちなみに、②の元服と③の婚姻の年代について、現在の筆者は天正十五年の可能性を探っている。

③婚姻（祝言）の時期	備考
（天正）「十七年の春、秀吉前田利家の三女を養つて己が子として秀家に娶はす」（309頁）	典拠の明示はないが、いずれも「備前軍記」に拠るとみられる
「同（引用者注―天正）十七年春、前田利家第三女（新東鑑第六女とす）を関白秀吉の養女として秀家の大坂中ノ島屋敷に入輿あり」（1524～1525頁）	典拠の明示はないが、①は1497～1504頁に引用される「野史」、②③は「備前軍記」に拠るとみられる。「小字」は幼名のこと
（天正）「一七年春には旧約によって、前田利家の三女を秀吉の養女として秀家の大阪中之島の屋敷へ入輿」（14頁）	典拠につき「備前軍記・天神山記・宇喜多戦記等を主史料とし」（14頁）と述べる
「天正十四年（一五八六）に秀吉が京都の内野に聚楽亭を築くと、その亭内に移り、ついで秀家と結婚し、同十五年八月八日、秀家が従三位参議に叙任して」（19頁）	典拠の明示なし。③は文脈上、天正14年頃の婚姻を示したものと推測できる
—	典拠の明示はないが、「備前軍記」等に拠るとみられる
—	典拠の明示はないが、「備前軍記」等に拠るとみられる
—	典拠の明示なし
「天正十七年（一五八九）春、秀家は前田利家の三女豪姫を娶り、大坂中之島の備前屋敷へ迎えた」（223頁）	典拠の明示はないが、いずれも「備前軍記」に拠るとみられる
「89年（天正17）春、秀吉の養女豪姫（前田利家の娘）を娶って豊臣・前田両家と縁戚を結び」（147頁）	典拠の明示はないが、「備前軍記」等に拠るとみられる

〈表1〉文献（自治体史・専門書・一般書など）にみる宇喜多秀家の基本情報

No.	著者・書名・出版年等	①幼名・通称などの変遷	②元服の時期
1	早田玄洞『史上の吉備』下（山陽新報社、1928年）	「八郎容姿端麗、秀吉之を愛し、天正十三年三月八郎十三歳にて元服するに当り、其の偏諱を賜ひ秀家と命名し、従五位下侍従に叙せられ」（309頁）	
2	永山卯三郎（岡山市役所編）『岡山市史』2（岡山市役所、1936年）	「秀家。本名家氏、小字八郎」「秀吉志を得るの後従五位下侍従に任し河内守を兼ね秀家と改む」（1494頁）	「天正十三年三月十三歳元服ありて秀吉の偏諱を賜はりて秀家と称し、従五位下に叙し侍従に任す」（1524頁）
3	谷口澄夫『岡山藩政史の研究』（塙書房、1964年）	「秀家は天正一三年三月一一歳で元服し、秀吉の諱の一字を与えられて秀家（これまでは八郎）と名乗り、従五位下・侍従に叙任され」（14頁）	
4	桑田忠親「大西家所蔵狐狩の古文書」（『朱』12、伏見稲荷大社、1971年）	「宇喜多八郎は、程なく、秀吉の一字を貰って、秀家と名のった」（19頁）	—
5	原田伴彦「宇喜多秀家」（『国史大辞典』2、吉川弘文館、1980年）	「八郎、家氏と称し、のち秀家に改む」（50頁）	—
6	柴田一「宇喜多秀家」（『岡山県大百科事典』上、山陽新聞社、1980年）	「幼名八郎、はじめ家氏のち秀吉の一字を賜って秀家と称す」（226頁）	—
7	朝尾直弘「織豊政権と宇喜多氏」（『岡山県史』6・近世1、岡山県、1984年）	「本能寺の変当時十歳であった八郎を子のなかった秀吉は猶子とし、みずからの一字を与えて秀家と名のらせている」（26頁）	—
8	立石定夫『戦国宇喜多一族』（新人物往来社、1988年）	「天正十三年三月十三歳にて元服するにあたり、秀吉の諱を賜りて秀家と名乗り、従五位下侍従に叙せられる」（222頁）	
9	加原耕作「宇喜多秀家」（『岡山県歴史人物事典』山陽新聞社、1994年）	「幼名八郎。はじめ家氏、のち秀家と名乗る」（146頁）	「同年（引用者注—天正13年）3月元服して秀吉の一字を賜って秀家と名乗り、従五位下、侍従に任じられ」（147頁）

③婚姻（祝言）の時期	備考
（天正）「十七年には前田利家の娘で幼少より秀吉の養女として養育された豪姫と婚姻」（96頁）	典拠の明示はないが、いずれも「備前軍記」に拠るとみられる
「婚礼時期については、たとえば桑田忠親「大西家所蔵狐狩の古文書」（『朱』一二、一九七一年）は天正十四年と推定」（51頁）	
—	①の典拠の明示なし。「初名の家氏は……能家以来の慣わし」という箇所も意味不明。③は（秀家・樹正院）「二人の結婚の時期を示すたしかな史料が得にくい」（173頁）と述べるにとどまる
「秀家の婚儀は、天正十六年正月以前と、ひとまず結論づけておこう」（69頁）	③の仮説はルイス・フロイス「一五八七年の日本年報」に拠る
「天正十六年正月以前に二人は婚礼を挙げた、と考えておく」（36頁）	①は典拠の明示なし。③の仮説はルイス・フロイス「一五八七年の日本年報」「鵜飼文書」に拠る
—	①は典拠の明示なし。③は（秀家・樹正院）「二人の結婚の時期を示す一次史料がない」（69頁）と述べるにとどまる
「天正十五年七月時点では「姫君様」＝未婚であった可能性が高く、天正十六年正月以前の祝言は確実である。よって厳密を期すると、祝言の時期は天正十五年七月〜翌年正月とみるのが妥当」（88頁）	①は典拠の明示なし。③の仮説はルイス・フロイス「一五八七年の日本年報」「鵜飼文書」「九州御動座記」に拠る。ただし、ここで示した年代は「姫君様」という表現を未婚とみた場合の仮説に過ぎず、婚姻の時期について確実を期せば、やはり天正十六年正月以前としかいえない

No.	著者・書名・出版年等	①幼名・通称などの変遷	②元服の時期
10	寺尾克成「宇喜多秀家」（『歴史読本』新人物往来社、2000年3月号）	—	「天正十三年三月に元服し秀吉の一字を与えられ」（96頁）
11	大西泰正『豊臣期の宇喜多氏と宇喜多秀家』（岩田書院、2010年）	—	—
12	渡邊大門『宇喜多直家・秀家』（ミネルヴァ書房、2011年）	「秀家の幼名は於福、通称は八郎。そして、最初は家氏と名乗ったという。初名の家氏は、いうまでもなく直家の「家」字を取ったものであり、能家以来の慣わしでもあった。しかし、家氏と記した一次史料は見当たらず、疑問が残る」（143頁）	—
13	大西泰正『「大老」宇喜多秀家とその家臣団』（岩田書院、2012年）	「幼名は八郎」（15頁）	—
14	大西泰正『宇喜多秀家』（シリーズ　実像に迫る13　戎光祥出版、2017年）	「直家の息子秀家が生まれたのは、この時期＝元亀三年のことであった。幼名は八郎という」（21頁）	—
15	渡邊大門『宇喜多秀家と豊臣政権』（洋泉社歴史新書y、2018年）	「秀家の幼名は於福、通称は八郎という。そして、最初は「家氏」を名乗ったと伝わる。初名の家氏は直家の「家」字を取ったものであろうが、一次史料では確認できない」（52頁）	—
16	大西泰正『「豊臣政権の貴公子」宇喜多秀家』（角川新書、2019年）	「幼名は八郎」（266頁）	—

＊宇喜多秀家を詳しく取り上げた著名、あるいは代表的な論著に限定。秀家の履歴に特段の言及のない（宇喜多氏の領国支配の検討などの）論著は除外

秀家や樹正院などに宛てた私信以外の秀吉文書を徴すると、天正十五年二月八日を最後に「羽柴八郎」が消え（黒田家文書等）、以後はすべて「羽柴備前少将」「備前宰相」などの官職名に変化する。同年七月には樹正院が備前岡山に一時下向した［大西二〇一九b］。断案は示せないが、秀家・樹正院をめぐるこの二つの事象には留意しておきたい。

正確な事実認識に近づくには、あやふやな通説に対して、かかる検証が逐一必要となる。だが、これで万事解決ではない。この面倒な作業が、別な問題点を浮かび上がらせる。

わかりやすい例を一つ挙げてみる。①幼名「於福」説である［渡邊二〇一一・二〇一八］。管見の限り、秀家を「於福」と記した史料は存在しない。したがって根拠不明である。「八郎」とは別に繰り返し主張される点からいえば、新出史料による新事実の可能性もある。だが、この新説が登場した書籍［渡邊二〇一一］には、和暦に誤った西暦を三十か所以上付すなど、執筆・校正上の不備に加えて、先行研究を参照した箇所以外の、独自の見解を示す箇所に初歩的な事実誤認や史料の誤読が多いので、おそらく秀家の幼名「於福」説も勘違いか、創作とみなすべきであろう。こうした近年の文献にみられる「初歩的な事実誤認や史料の誤読」といった問題点については、かつて個別具体的かつ詳細に指摘したので、ご興味の向きは参照されたい（［大西二〇一一b］三五〜三六頁、［大西二〇一八b］八七〜八九頁）。

「俗間でいい伝える、根拠のはっきりしない説」を「俗説」という（『広辞苑』第七版）。史料に基づかない説でも、研究者が著名な出版社から上梓した史書のなかで繰り返し主張すれば、一般の読者はもとより、他の研究者でも、何か根拠があるのだろう、と信じてしまいかねない。俗説はそうして生成され、流布してゆく。

秀家の実相を考えるには、あやふやな通説に加えて、より不確かな俗説もいちいち相手にして（＝批判して）ゆかなければならない。

秀家の幼名「於福」説は、幸いにして右の主張者のほかに支持者をもたないが、宇喜多氏に言及する複数の関連書籍がそういう誤りを何度も犯してしまうと、その勘違いが俗説に発展するおそれがある。些末な点は措き、宇喜多氏に関する根本的ないし重要な事実認識についてさらに一例を挙げれば、史実では天正十三年二月とみられる「中国国分」の成立（完了）年代が、論拠を示すことなく、それより一年早い天正十二年と明言される場合がある（[渡邊二〇一二] 一七九頁、[渡邊二〇一八] 八六頁、[渡邊二〇一九] 一九八頁）。「中国国分」すなわち羽柴・宇喜多氏領国などと毛利氏領国との国境線の画定交渉である。

残存する同時代史料と明らかに齟齬する主張である。天正十三年に比定される同時代史料によれば、同年正月時点での交渉継続は、同月中旬に秀吉が備前児島を宇喜多氏に引き渡すよう、毛利氏に求めた事実から明らかであり（小早川家文書・湯浅家文書）、交渉の成立時期は、二月十三日に毛利輝元が「京・芸和平入眼せしめ（京都〔秀吉〕と安芸との和平が成立した)」云々と述べる事実から判断できる(『萩藩閥閲録』)。

勘違いや誤りは誰にでも起こり得る。だが、論理の通らない所説であれ、非実証的、つまり史料に基づかない憶測であれ、繰り返し主張されると、読み手のなかには、それでも正しいのではないか、という錯覚も生じよう。たとえば、各地の大名・領主に普遍的に看取される海上・河川流通への関与を、宇喜多氏の場合のみを特別視して、これを「商人的な性格」と規定するような主張([渡邊二〇一二]三七頁、[渡邊二〇一八]二七頁)は、論拠薄弱というほかないが、何度となく活字になれば信じ込んでしまう読者もあるのではないか。

こうした問題点を逐一指摘していては紙幅が尽きてしまう。拙著『「豊臣政権の貴公子」宇喜多秀家』[大西二〇一九b。以下前著と略記]などではそのため、宇喜多氏に言及する研究者の仕事でも実証的・論理的に問題の多い文献、先行研究のトレースに終始し、参照すべき独自見解に乏しい文献は原則として取り上げなかった。だが、本書では宇喜多氏に興味ある読者や後進の研究者のために、こうした俗説の種というべき看過すべからざる疑問点の一部を、折に触れて具体的につぶしてゆく。

不注意による間違い(ケアレスミス)は問わない。ただ、研究者に加えて一般の読者を対象とする書籍の場合、次の四つの条件に合致する誤りは、見過ごすべきではなかろう。すなわち原則として、①同一論者が、②年月を隔てて、③一再ならず、④明らかな誤りを犯していた場合に限り、学術的な批判を加えておきたい。行論上関係のある事柄に絞って最低限の指摘にとどめるが、俗説の発生や拡散を防ぐには一定の効果があろう（もちろん過去の筆者の仕事も批判対象である）。

秀家の実像に迫るには、通説の再検討に加え、俗説の横行に歯止めをかける必要がある。

「備前軍記」の影響力

かつて岡山県地域の戦国・豊臣時代史は、確かな史料の少なさを原因に、編纂史料に依存して語られがちであった。特に大きな影響力をもったのが、例の「備前軍記」である。戦前の『岡山市史』を繰ると、たとえば、秀家の有力家臣や、関ヶ原合戦直前に起こった宇喜多騒動（三章参照）の叙述にあたって、全面的に「備前軍記」が参照されている、というか、同書の要約に終始するといって過言ではない（［永山一九三六］一五六一～一五六七頁）。

一例を挙げよう。秀家の叔父忠家の息子、つまり秀家の従兄弟に浮田左京亮（?～一六一六）という人物がいる。最終的には「坂崎出羽守」を名乗ったこの人物の実名は、諸説あって定まらない。同時代史料によれば、実名は知家（「(浮田)左京知家」）や正勝（「宇喜多左京正勝」）である（そのほか「正治」の可能性を過去に示唆したが、これは別人の実名とみなすのが穏

備考	出典
戸川安吉（源兵衛）は戸川達安の息子	『金沢の宇喜多家史料』（258, 264頁）
	『早島の歴史』3（73頁ほか）
諸大名家の事績や系譜の集成	国立国会図書館内閣文庫所蔵「藩翰譜」12下
備前国の地誌。宇喜多忠家を「浮田左京亮忠家」と記すなど、忠家・左京亮親子を混同。忠家は「左京亮」を名乗っていない	『吉備群書集成』1（57〜58, 64頁）
「和気絹」を参照することから、同書成立以降の成立	『吉備群書集成』1（494, 540頁）
岡山藩官選の地誌。編纂には岡山藩士和田正尹のほか、和田正邵・杉浦長弌・佐分利知季・熊沢正業が携わる	『吉備群書集成』1（157頁）
岡山藩士土肥経平の著作。「浮田左京亮忠家」という記載の通り、一部忠家・左京亮親子を混同。天正7年（1579）、美作三星城攻めにあたり、宇喜多直家が派遣した「浮田左京詮家」はおそらく宇喜多忠家を指す	『吉備群書集成』3（111, 143頁）
岡山藩士大沢惟貞の編著。岡山藩領の地理・歴史・古文書などを広く収録。浮田左京亮に関する説明は「藩翰譜」に拠るとみられる	『吉備群書集成』8（272頁）

〈表2〉編纂史料にみる浮田左京亮の呼称

No.	史料名	成立年代	編著者	浮田左京亮の呼称
1	浦上宇喜多両家記	延宝5年（1677）	戸川安吉	「浮田左京亮」「坂崎出羽守」「宇喜多左京亮久家」
2	戸川家譜（戸川記）	（延宝年間〔1673～81〕）	（戸川安吉）	「浮田左京亮」
3	藩翰譜	元禄15年（1702）	新井白石	「出羽守か名諸記に見へし所、直行・成正・重長・貞盛・信顕等の名在之、うたかハしかるかゆへにしるさす」
4	和気絹	宝永6年（1709）自序	高木大亮軒	「浮田左京」「信顕」「左京佐後、坂崎出羽守」「浮田後の左京允、実名不知、後坂崎出羽守信顕」
5	吉備前秘録	18世紀以降	不明	「左京亮信顕、後号坂崎出羽」「宇喜多左京亮」
6	備陽国誌	元文2年（1737）自序・同4年成立	和田正尹ほか	「左京亮」
7	備前軍記	安永3年（1774）自序	土肥経平	「浮田左京亮忠家は、直家の弟にて福岡出生の人也、（中略）其子左京亮詮家」「坂崎出羽守」
8	吉備温故秘録	寛政年間（1789～1801）	大沢惟貞	「宇喜多左京亮」「名諸記にみへしところ、直行・成正・重長・貞盛・信顕等の責（説カ）ありて、うたがはし」「坂崎対馬」「出羽守」

三宅克広氏は、「備前軍記」が「岡山の中世後期を概説する際には、大げさにいえば根幹

い。「備前軍記」の影響力は「詮家」問題からも確認できる。

家」説がしぶとく生き残ったのは、それが「備前軍記」の主張だから、と考えるほかあるま

「詮家」も「備前軍記」が唱える一説に過ぎない。だが、事典類や近年の一般書でも「詮

とがよくわかる。

盛・信顕」を挙げながら、いずれも疑問とみなしたように、諸説いずれも決め手に欠けるこ

2〉にまとめてみた。すると、新井白石（一六五七～一七二五）が「直行・成正・重長・貞

〇〇九、渡邊二〇一一・二〇一八等］。そこで、各種の編纂史料にみる浮田左京亮の呼称を〈表

てきたが、近年の一般書をみても、なぜか一貫して「詮家」を採用する場合が多い［光成二

確たる史料に基づかないので、筆者は二〇〇七年以来、「詮家」説はおかしいと批判し続け

名事典』といった事典類が「詮家」説を採用したためであろうか［加原一九九四］。もちろん

だが、浮田左京亮は、一般的にはなぜか往々にして「詮家」と呼ばれる。『岡山県歴史人

う呼称を用いてきた［大西二〇〇七・二〇一〇等］。

どはよくわからない。よって、筆者は歴史叙述のうえでは浮田左京亮ないし坂崎出羽守とい

由緒并一類附帳」）、最終的な実名は「正勝」かもしれないが、名乗った期間や改名の時期な

当であろう）。加賀藩に仕えた子孫は、この人物を「坂崎出羽守正勝」と伝えるから（「先祖

史料として用いられてきた」理由として、「記述される年代の長さ」「地域的範囲の広さ」「活字として入手しやすい」の三条件を挙げている〔三宅二〇〇二 二六〜二七頁〕。確かに、赤松・浦上・宇喜多三氏の興亡として、岡山県地域の戦国・豊臣時代史を捉える時、その概要をまとめる「備前軍記」は便利な史料であろう。三宅氏の指摘通り、「『備前軍記』によれば……」といった同書への言及は、『岡山県史』にも相当数確認できる（二八頁）。

三宅氏は、かかる実状に警鐘を鳴らした。宇喜多直家が主筋にあたる浦上宗景を追放した年代は、従来ほとんどの場合、「備前軍記」に基づき天正五年（一五七七）と説明されてきた。この年代が同時代史料を用いて天正三年に訂正された実例などを踏まえて、三宅氏は「備前軍記」等々、編纂史料の無批判な利用を戒める。編纂史料を歴史叙述から排除するのではなく、史料批判を行って「有益な情報を選別する」必要性を訴えた（二八〜二九頁）。編纂史料を用いるのなら、情報の正誤を見極めて歴史叙述に活かすべき、という主張である。

この主張を実践に移したのが、森俊弘氏や筆者の仕事であろう〔森二〇〇一、大西二〇〇五等〕。我々はまず、同時代史料を可能な限り収集し、つかんだ情報を有機的に結び合わせて事実関係の復元を試みる。そのうえで不明や疑問の箇所が残れば、編纂史料を参酌して（史料批判を加えて）、同時代史料と明らかな齟齬がない範囲で、その情報を歴史叙述に活かすという試行錯誤を積極的に行ってきた。宇喜多氏に絞れば、森氏は直家の事績を、筆者は秀家の動向をおもにこうした手法に拠りながら復元している。「古事記」「日本書紀」に拠った古代史研究、「平家物語」「吾妻鏡」を用いた中世史研究が可能であるように、文献史学の手法を駆使すれば、戦国・豊臣時代を対象としても、同時代史料・編纂史料の双方を総合的に活用した歴史叙述が、今後もなお新たな史実を掘り起こす手段になり得るのではなかろうか［大西二〇二二b等］。

とはいえ、この場合の編纂史料とは、筆者の場合、原則として当事者の覚書や、当事者からの聞き取り、そうした情報を下敷きに著された成立年代の早いものに限っている。宇喜多氏旧臣という経歴をもった岡山藩士による由緒の書上や、同じく秀家旧臣の子息がまとめた「戸川家譜」「浦上宇喜多両家記」など、叙述対象の出来事と成立年代の開きがおおよそ百年程度に収まる史料である。したがって「備前軍記」のような第三者による、戦国・豊臣期からは二百年前後を隔てて成立した軍記物は、基本的には活用の対象外となる。編纂史料を活用するといっても、約束事としてある程度の信頼性や蓋然性の高さが担保できるものに限るという立場である。近年でも編纂史料、それも「戸川家譜」「浦上宇喜多両家記」などよりも成立年代が下ったり、編者が不明であったりする史料を用いて、宇喜多氏をめぐる事実確認を試みるケースが少なくない（［渡邊二〇一九］九六頁等）。「備前軍記」由来の「詮家」という呼称を用い続ける論者もいる。対して筆者は、編纂史料の活用になお慎重でありたい。

史料批判の必要性

そこで本書では「戸川家譜」という編纂史料に注目してみたい。編者は秀家の有力家臣富川(戸川)達安(一五六七〜一六二七)の息子源兵衛安吉である。大名宇喜多氏の内情を詳述するこの史料を、単純に編纂史料だから、といって議論から排除するのは早計であろう。

では、「戸川家譜」の内容は信頼できるのか。かかる編纂史料の歴史叙述への活用に問題はないのであろうか。これは同時代史料でも同様だが、編者が自身の体験や見聞を文章に流し込む時、対象の事実を、細大漏らさず、すべて正確に表現することは不可能である。出来事の善悪を論じる場合や、編者が不案内な分野の事柄、聞き取った他者の談話自体があやふやという不可抗力などによって、叙述はいくらでも不正確に流れてしまう。そういう叙述の歪みや誤りは、同時代史料よりも後代の編纂史料に多く現われると考えていい。だから、編纂史料の参照は、同時代史料の利用に比べて、歴史叙述の正確さをより大きく損なうおそれがある。事実関係の復元を試みる時、編纂史料を排除する、という方法は、それはそれで一つの見識かもしれない。

けれども、出来事の年月日や、誰が何をしたか、という叙述対象の骨組みを誤る可能性は、実際の体験でも、他者からの伝聞であろうとも、そう高くはあるまい。当事者の記憶が確かで、情報源が信頼できれば、記事の骨子をむやみに否定する必要はない。

また、史料の性格や内容を吟味して、少しでも確からしい情報を引き出す、という史料批判は、同時代史料・編纂史料の別を問わず必要である。たとえば、宇喜多氏と激しく対立・抗争した安芸の大名毛利氏の関係史料には、宇喜多氏への非難が露骨に現われる。大名宇喜多氏は関ヶ原合戦に敗れて滅亡し、関係史料の多くが散逸した。そのため岸田裕之氏がかつて指摘したように、宇喜多氏を含む中国地方の大名を研究対象に設定するならば、「勝ち残った大名である毛利氏の関係史料のうちから広範囲に蒐集し、それらを十分に活用して研究を進めていくことが必要」〔岸田一九八四〕四五四頁）といわざるを得ない。だが、毛利方の史料には、宇喜多氏は言葉や態度が内心とは違うという「宇喜多表裏者」（巻子本厳島文書）といった表現や、秀家の母（円融院。一五四九～?）の美貌が豊臣秀吉を惑わせ、それが秀家の立身出世につながったという事物の矮小化（「陰徳記」）など、宇喜多氏に批判的・攻撃的な内容が少なくない。毛利輝元の従弟吉川広家が、秀吉から秀家の姉との縁組を命じられた際には、あからさまな嫌悪感を示している〔大西二〇一九b〕。毛利氏関係者の主張をそのまま結び合わせると、実態とは大きく乖離した宇喜多氏像・秀家像が描かれかねない。同時代史料にせよ、編纂史料にせよ、そこに現われた感情的な表現を丁寧に剝ぎとるという史料批判は必須である。

利用を同時代史料に限ったところで、正確無比な歴史叙述が立ち上がるわけではない。また、編纂史料であっても、史料批判を怠らなければ、歴史叙述にこれを援用して、事実関係の大枠を浮かび上がらせることが可能であろう。一概に編纂史料といっても、何百年も前の出来事を、出来事とは無関係の編者が、興味本位に面白おかしく書いたような代物には、何ら信頼できる情報を見出し得まい。だが、みずからの直接体験を後年になって整理した覚書や、知人や近親から経験談を聞いて作成した聞書であれば、編者にあえて事実を歪めようという意図がなければ、記述のなかから事実関係をすくいあげることはそう難しくあるまい。

以上のような説明を聞いてもなお、編纂史料による歴史的事実の復元は不可能、編纂史料を歴史叙述に用いるべきではない、という論者がいるとすれば、そもそも史料批判の何たるかを理解していないか、史料批判や歴史叙述の能力の欠如をみずから表明しているとみなしていい。

「戸川家譜」は使えるのか

そこで問題の「戸川家譜」である。記述内容の年代は十六世紀前半の天文年間（一五三二

〜五五）から、編者（戸川安吉）の老年期、延宝年間（一六七三〜八一）に及ぶ。そのうち安吉の経験や回顧に基づく記事は、おそらく十七世紀以降の部分にとどまるが、それ以前でも、十六世紀末期の出来事であれば、内容に一定の信頼を寄せていい。その情報源が、実父達安や戸川氏関係者の体験談とみなせるからである。安吉誕生時にすでに物故していた祖父秀安（達安の父）がらみの記事は、編者の安吉自身にとっても実感の湧きづらい、遠い過去の話であったらしく、具体的な年月はほとんど記されない。だが、実父達安関連の部分は、年月や叙述が具体的かつ詳細である。達安の活躍がやや大げさに褒められてはいるが、羽柴＝豊臣秀吉による全国平定戦への従軍履歴などは、特に疑う必要もない。賤ケ岳の合戦、小牧・長久手の合戦、紀州根来・雑賀攻め、四国平定・九州平定戦、小田原攻め、第一次・第二次の朝鮮出兵（文禄・慶長の役）など、いずれも出来事のあらましに目立った誤りはない。

また、編者の安吉は「反古のみ（反故に過ぎない）」云々と、あくまでも自身のための覚書であって、他人にみせるべきではないと「戸川家譜」の序文に明記した。これは文字通り受け取るべきでなく、ある程度は他人の目に触れることも意識したと考えるべきであろう。わざわざ序文をこしらえたうえに、記事の並びも基本的に年代順である。そもそも序文に、故人の活躍が忘れ去られるのは「涙落々たり」と嘆いてみせる安吉である。本書の編纂はやはり、自身の関係者に先祖や近親の生き様を伝えるという意図に出たというべきで、「反古のみ」と韜晦するが、親戚縁者に読まれることをあらかじめ想定し、かつは望んでいたに違いない。安吉の謙虚さはそういう風に理解するのが穏当である。少なくとも、過剰に謙遜して逆に見栄を張るという雰囲気はない。すなわち不特定多数に向けて、先祖の偉大さや正当性を必要以上に主張するような意図は、「戸川家譜」には感じとられない。

ただ一点、注意すべきは編者安吉の父達安が、主君秀家に反旗をひるがえした宇喜多騒動に至る叙述であろう。森脇崇文氏が指摘するように、主君に背くという近世的倫理観から逸脱した達安の行動には何らかの弁護が必要となる。そこで「戸川家譜」は、秀家による惣国検地や、能の愛好を「失政」という基調で描写したらしい［森脇二〇一六］。秀家による惣国検地や、能の愛好による出費の拡大が、同書では批判的に語られている。だから、達安は「失政」を正すために立ち上がらざるを得なかった。ここに宇喜多騒動における達安の行動が正当化される。

「戸川家譜」は以上の点において、事実を故意に歪めた可能性がある。ただ、その歪め方は、事実自体ではなく、描写の加減にとどまるであろう。日蓮宗徒の家臣に改宗を強制、といった確たる史料に見出せない極端な記述を除けば、惣国検地にせよ、能の愛好にせよ、同時代史料から肯定できる要素は少なくない。また、小田原攻めに続く奥羽仕置における白河の検地をめぐる言及（「奥州へ御進発、備前宰相秀家も御供也、しら川（白河）において検地承り、肥後守（富川達安）組家人等を出し、急に検地調い」）は、安吉がこの事実が明記された秀吉の朱印状（浅野家文書）

を実見すべくもなかった点を踏まえると、「戸川家譜」の情報源の確かさを立証する。関ヶ原合戦の直前、秀家と袂を分かった達安と、秀家に従う明石掃部との書状の交換にも言及されるが、それは「戸川家譜」の編述当時、大名戸川氏が収蔵していたと思しき両者の書状に基づくのであろう。安吉は同書の編述にあたって関係者の証言だけでなく、確かな物証をも参照していた。

そうした執筆姿勢や背後事情に照らせば、「戸川家譜」に称賛の傾きで語られる達安の武功や、失政と貶められる秀家の施策を、ただちに史実とはみなせない。だが、それ以外の事実関係を伝える同書の記事には、意図的な事実の捻じ曲げはない、と考えるべきであろう。

したがって「戸川家譜」の記事は、本書が対象とする宇喜多秀家の時代、すなわち富川（戸川）達安関係の箇所に限れば、基本的には事実の骨格を伝える、と判断して大過ない。達安の正当性を訴える部分や、達安と対立した人物の描写など、達安の息子としての価値判断が入る場合は、それらを歴史的事実ではなく、あくまでも戸川安吉の視点ではそう理解できる、という風に考えておきたい。

同時代史料の発掘（一）——秀家の死去年代を確定する

引き続き、史料論にお付き合い願いたい。「戸川家譜」の有用性はともかく、編纂史料に頼るまえに、断片的ではあっても同時代史料が残されているのであれば、これを徹底的に活用すべきである。たとえば、第三章では宇喜多騒動の展開について、同時代史料「鹿苑日録」のわずかな記事に、徹底的な再分析を施した。

あわせて、新たな同時代史料の捜索にも努力しなければなるまい。幸い近年に至って筆者が新たに見出した同時代史料により、従来は編纂史料のみに頼ってきた通説の裏付けがとれたり、未知の新事実が判明した事例がある。いくつか紹介しておこう。

まず、従来は確固たる根拠のなかった通説に、新たな補強材料がみつかった事例である。さきの呼称や元服・祝言の時期のほかにも、宇喜多秀家をめぐる事実関係には未解決の問題が少なくない。秀家の没年もまた、これまでは後代の編纂史料のみを材料に語られてきた。通説では、『国史大辞典』といった各種辞典類や『岡山県史』が採用するように、明暦元年（一六五五）十一月二十日が命日である〔原田一九八〇、朝尾一九八四〕。その論拠は、おそらく「流人御赦免并死亡帳」「南方海島志」という二つの編纂史料を引いて「秀家ノ死去ハ、明暦元年十一月二十日ナリ」と論断する『大日本史料』（〔東京帝国大学一九〇三〕四〇頁）辺りであろう。編者による寛政三年（一七九一）の序文をもつ「南方海島志」は、秀家没後はるか後世の成立である。「流人御赦免并死亡帳」は、「八丈実記」所収の「八丈島配流罪存亡送附御赦免附死亡覚帳」（明和四年〔一七六七〕までの流罪人の明細帳）を指すとみられるが、成立年代がいつまで遡るのかわからない。もとより「八丈島往古過去帳おおくは年月を記さず」（「八丈実記」）ともいう。これらに言及される秀家の命日に関する信憑性は、保証の限りではない。そのほか「八丈実記」には、秀家の忌日＝明暦元年十一月二十日説の根拠として、八丈島の陣屋に伝わる貞享元年（一六八四）執筆の古文書が挙げられるが、これとて後代の編纂史料である。

異説もある。例の「備前軍記」は「長寿にて寛永中八十余歳にて病死ありし」と、寛永年間（一六二四〜四四）の病死説を採るし、「越登賀三州志」「本藩歴譜」などの加賀藩関係史料は寛文二年（一六六二）の死去という。「備前軍記」の編者土肥経平とも深く交際した岡山藩士で文人の湯浅常山（一七〇八〜八一）は、その編著「常山紀談」のなかで「秀家九十余まで存命」と暗に寛文年間（一六六一〜七三）の死去を匂わせている。

要するに、通説はなお確実でなかった。ところが、筆者の紹介した次の新出史料によって、通説の蓋然性が飛躍的に高まったのである［以下、大西二〇一六b〜c・二〇一八b］。

（読み下し）

七月廿二日　　　八丈島御代官
（明暦二年）

一、銀子　拾枚　つけ台（付）
　鰍筋　一箱　十入
　　　　　　　足付
　　　　　　　　　　谷庄兵衛（次利）殿
　　　　　　　　　　御使遠藤数馬
但し、八丈島小平次様へ遣わさるる御荷物の儀、御頼みなさるに付き遣わさる、
（【史料1】「中納言（前田利常）様御在国中御進物帳」明暦二年七月二十二日条）

この史料は、加賀藩士寺岡与兵衛が、藩主前田利常（一五九三〜一六五八）の在国中に、江戸藩邸から将軍家や幕閣などに贈られた進物を逐一書き留めた帳面である（金沢市立玉川図書館加越能文庫所蔵）。その明暦二年七月二十二日の記事に、加賀藩士遠藤数馬を通じて八丈島（東京都八丈町）の代官谷次利（庄兵衛）へ銀子十枚・鰍筋（加賀藩領の名産品。クジラのすじ）一箱を送ったとある。そして注目すべきは最後の注記、「八丈島小平次様」へ荷物の送付を依頼するために、谷次利へ進物したというくだり。

ここから二点の新たな事実が判明する。一つ目は、明暦二年に八丈島の宇喜多一類（秀家の親族縁者）に対して、加賀藩から何らかの物品が送られたこと。そして二つ目が重要である。送付先の代表者に秀家の末子「小平次様」が挙げられている。

この時点で秀家や、秀家の嫡男で小平次の実兄孫九郎秀隆が存命であれば、「小平次様」

はこの史料に現われはしまい。秀家・孫九郎の死去が、明暦二年七月時点で加賀藩関係者には周知の事実であったといえる。流刑地の八丈島には幕府の御用船が行き来するばかり。往来の頻度は、江戸時代後期に至っても春・夏・秋の三度（三往復）というから、それ以前は推して知るべし。彼の地の消息が本土に届くには、半年から一年程度の日数がかかるが、通説にいう明暦元年十一月二十日の秀家死去を、加賀藩関係者が知っていてもおかしくはない。

かくて新出の同時代史料から、明暦二年七月以前、という秀家の物故年代が確定した。一般的な明暦元年十一月二十日説が、これで補強されたわけである。しかもこの史料の出現は、なお一通の史料の年代を確定させた。かつて八丈島の陣屋に伝わっていた、七月二十一日付「浮田道珍」宛の加賀藩士今枝近義（民部。一六一三〜七八）の書状である（「八丈実記」「宇喜多家旧記」）。宛所の「浮田道珍」は、秀家の配流に従った村田助六である。

【史料2】〔明暦二年〕七月二十一日付「浮田道珍」宛今枝近義書状〈写本〉

（読み下し）

谷庄兵衛殿（次利）、その地に参らるるにつき啓達致し候、

一、久福様（秀家）、去冬御遠去の由、頃日（頃日）相聞き驚き入り申し候、久々御苦身遊ばされ、ひとしお御痛しき儀、おのおの御心底察せしめ候、

谷次利の八丈島渡島につき、書状をもって申し上げる。「久福様(きゅうふく)」が去る冬に亡くなったと先日に聞いて驚いている。長年ご苦心なされ、ひとしお労(いたわ)しく、皆様の心のうちをお察し申し上げる、といった内容である。このあと幕府の許可を得て、前田利常から三通の目録（とそれに対応する物品）を送ったとか、一度には多くの物品を送れないとか、村田助六にも金一歩(きんいちぶ)と木綿を送ったといった文章が続く。

八丈島へ向かう御用船の発着は天候次第で、毎年日程はまちまちである。したがって、寺岡の史料とわずか一日違いで、同じく八丈島への送品に触れるこの書状は、同じ明暦二年の発給とみるのが穏当であろう。「八丈実記」はこの書状につき「寛文元辛丑(かのとうし)渡来と覚ゆ」と、寛文元年（一六六一）ないし前年の発給を示唆するが、否定してよいであろう。万治(まんじ)元年（一六五八）ないし寛文九年と思われる村田助六の没年から考えても、明暦二年という年代に問題はない。とすれば、「久福様、去冬御遠去の由」の「去冬」とは明暦元年十月～十二月にほかならず、ここに秀家の没年月日を明暦元年十一月二十日とする通説がより蓋然性を高めたのである。秀家の命日は、ほぼ確定できたといってよい。

秀家をめぐる言説には、なお確たる根拠のない伝承が少なくない。それが結果的に覆(くつがえ)るにせよ、改めて補強されるにせよ、こうした新たな同時代史料の発掘と分析によって、正しい評価を与えてゆく必要がある。

同時代史料の発掘（二）——芳春院の消息を読み解く

次いで、未知の新事実が判明した事例を、同じく加賀藩関係史料から紹介する。加賀藩士村井家に伝来した古文書を、明治時代に前田家編輯方が写し取り、冊子に仕立てた「村井文書」（全五冊。金沢市立玉川図書館加越能文庫所蔵）である。前田家編輯方は、旧加賀藩主前田家が史書編纂のために設けた部署である。

「村井文書」に収録される古文書のほとんどは、前田利長と芳春院（前田利家の正室。利長・樹正院らの母。一五四七～一六一七）の書状類から構成され、このうち後者の一部に、宇喜多秀家やその嫡男孫九郎秀隆らへの言及が数多く確認できた。これまで翻刻・活字化のなかった新出史料である。もちろん、宇喜多氏研究に利用されたこともない。そこで「村井文書」に写された芳春院の書状から、筆者が宇喜多氏関連の言及をまとめて〈表3〉のように紹介したのが二〇一七年である［大西二〇一七b］。

〈表3〉の新出史料によって、関ヶ原合戦後、江戸へ送致された秀家子息（孫九郎・小平次）（No.1～2・10）や、おそらくは上方に潜伏していた秀家の消息（No.5）、八丈島配流後の孫九郎の異変（No.13・15）といった、従来知られることのなかった宇喜多氏の動向が明らかになった。ここでは、特に興味深い史料を一点だけ取り上げてみたい。そもそも、古文書原本ではなく写本からの翻刻で、しかも多くが仮名書きで難解な女性による消息文である。意味を取りかねる箇所も少なくないが、誤読をおそれずに翻刻してみたい。〈表3〉から、四月二十日付、江戸の芳春院から、上方にいた娘の春香院（千世。一五八〇～一六四一）に宛てた書状（No.5）である。

（原文）※傍線は筆者による

返々、久しくたより(便)もなく、よろツ心もとなく思いまいらせ候、そもし御のほり候て、それへゐもし殿かまいなく候に、かへり(帰)てもすミ申候ましく候、セうしさ(笑止)にて候、よく〳〵ふんへツ(分別)かんに(肝要)やうにて候、かしく、

このほとハひんき(便宜)もうけ給候ハす候、何事なく候や、われ〳〵もそくさい(息災)の心にて候、いまたのほりさた(沙汰)もなく、めいわく(迷惑)申事にて候、むかいもかへり(帰)申候よし、セうし(笑止)ニて候、そもしもミな〳〵きもいり(肝煎)にて、かへら(帰)れ候よし申候かまこと候や、越もしよりハさう(左右)もなく候や、あまりなる事候、あいつ(会津)すミ候ハぬまゝ、ひもし(前田利長)のほりもおそく候、うきた殿(秀家)にもくたりのひ申候よし、これもセうし(笑止)ニ思いまいらせ候、さそ〳〵たよりな

く候やと、あんし（案）いりまいらせ候、此文京へひんき（便宜）候ハゝ、たしかなる物ニやりて候へく候、大ふ（内府）ふしミ（伏見）へ御こしにて、そこもとハさひ（寂）まいらせ候へく候、さそ〳〵よろツふしやう（推量）とすもし申候、文給候ハゝ、京申ふ（ママ）ほかたまて候へく候、いかなりとなツ（夏）中ニかへり（帰）候ハんと思いまいらせ候、神ほとけ（仏）のしるし（験）もなく候、きやくもそこもとニい申候や、すミよし（住吉）きた殿御事、きかまほしく思いまいらせ候、しせん（自然）ハ人をやられ候へく候、文もやりたく候へとも、とゝき（届）候ハんをしらセ申候、ミな〳〵に事つて申候、さそ〳〵ふもしやあさ（朝）夕かもしニ思いまいらせ候、かしく、

四月廿　〆

おちよ参る　　ろ

申給へ　　はう（芳春院）

【史料3】〔慶長六年〕四月二十日付春香（千世）院宛芳春院書状〈写本〉

宇喜多秀家に関わる言及は傍線部の周辺に限られるが、当時の政治情勢を伝える貴重な史料でもあるから、全文の大意をとっておく。

本文は「このほとハ……」から始まる。

近頃は音信もないが大事ないか。こちらは息災。いまだ上方に戻れるとの話もなく、迎え

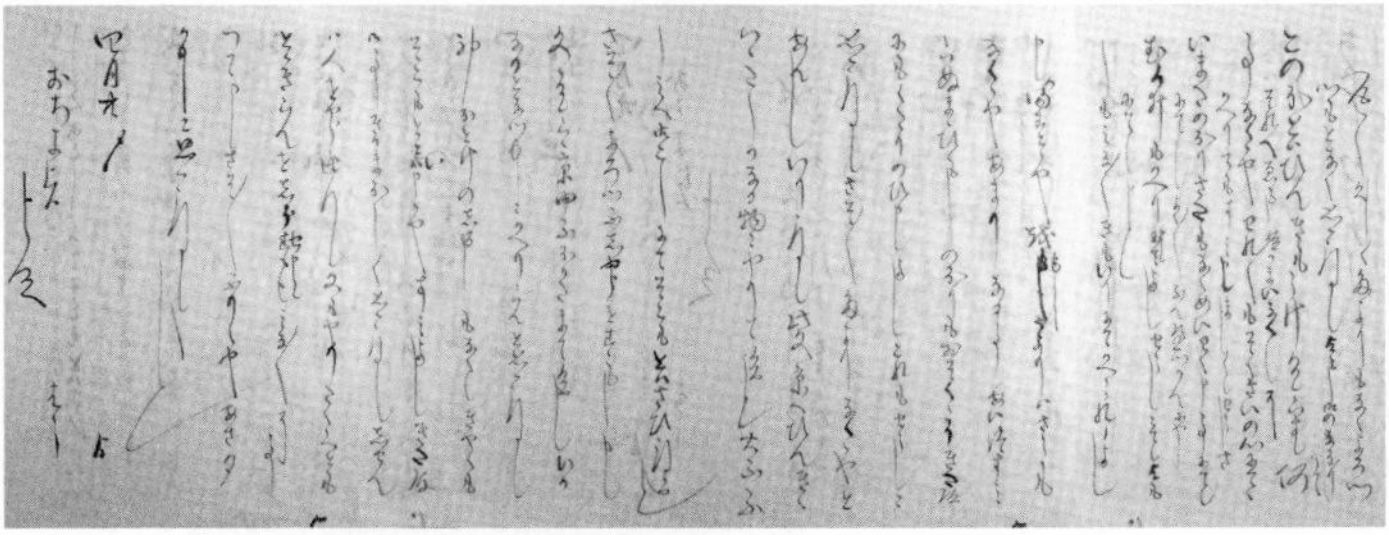

（慶長6年）4月20日付芳春院書状写（金沢市立玉川図書館蔵「村井文書」）

の者も帰ってしまい、困惑している。そちらも皆々の世話で帰ったとのこと、それは事実であるか。長岡（細川）忠興（越中守。「越もし」）からはとやかく言ってこなかったか。あまりにひどいことである。

会津の件も片づかず、前田利長（「ひもし」）の上洛も遅れている。秀家（「うきた殿」）の下向も延期になったとのこと、これも本当に痛ましい。どれほどか寄る辺のないことであろうと案じている。この手紙を「京」へ、都合がつけば確かな者を選んで遣わすように。

徳川家康（「大ふ」）が伏見へ移ったので、そちら（大坂）は寂しくなるだろう。さぞ万事が不自由と推察する。手紙をもらえれば（以下、文意未詳）。なんとか夏中には上方へ帰りたいが、神仏に祈ったが効果もない。「きやく」はそちらにいるのか。住吉「きた殿」のことを聞きたい。そのうちに人を遣わされたい。手紙を送りたいが、届いたかどうかを知らせてほしい。皆々に言伝する。さぞかし不自由のことと朝な

内容 (宇喜多氏関連)	翻刻掲載
宇喜多孫九郎（秀隆）・小平次の江戸下向（「うきた殿わもしたちくたりの事」）	大西2016c（部分）、大西2018b（部分）
宇喜多孫九郎（秀隆）・小平次の江戸下向（「びせん殿わもしたちくたりの事」）	大西2016c（部分）、大西2018b（部分）
宇喜多秀家・伏見宮貞清親王室（秀家養女）の近況（「うきた殿も心よく候」「おなくハし合よく候」）	大西2016c（部分）
宇喜多秀家の下向遅延（「うきた殿も御くたりものひ申候よし」）	大西2016c（部分）
宇喜多秀家の（薩摩）下向遅延（「うきた殿にもくたりのひ申候よし」）	大西2016c、大西2018b（部分）
芳春院上洛時の滞在先として秀家旧宅の現況を尋ねる（「うきた殿いへあき申候や、われ丶丶のほりてもゐ申候ハんいへなく候てあんし申候」）	大西2017b
宇喜多秀家との音信（「うきた殿へも文候て申候へハいそき申候」）	–
宇喜多秀家の状況（「うきた殿ニ御くたりの身のおき所なく」）	大西2016c（部分）、大西2018b（部分）
宇喜多秀家の病気（「うきた殿わつらひいか丶候や」）	大西2016c（部分）
宇喜多孫九郎（秀隆）・小平次の処分決着（「うきた殿わもしたちすミ申候よし、まつめ（て脱カ）たく候」）	大西2016c（部分）
宇喜多秀家親子の江戸下向（「うきた殿もわもしたちもこ丶ほとへ御くたり候とうけ給候」）	大西2016c（部分）
宇喜多秀家との音信（「うきた殿へそうしまいらせ候て御うれしさかす丶丶ニて候」）	–
八丈島への便船帰帆・宇喜多孫九郎（秀隆）の異変（「八てうしまへ四月ニ中もしわたられ候間、此ほとふねふきやうかゑり申候」「まこ九郎ハきかちかい」）	大西2016c、大西2018b（部分）
宇喜多秀家の（八丈島カ）配流（「うきた殿も廿三日、ちくもしも廿八日にハた丶れよし申候」）	大西2017b
宇喜多孫九郎（秀隆）の異変（「しまにハし丶う殿、きかちかひさん丶丶のよし申候、京へハかくし申候」）	大西2016c（部分）、大西2018b（部分）

〈表３〉「村井文書」所収宇喜多氏関連文書一覧

№	巻-番号	年月日 （括弧内は筆者の推定）	差出	宛所
1	2-7	（慶長６/正月頃）/17	はう	おちよ
2	2-20	（慶長６/正月頃）/12	はう	おちよ
3	2-23	-/11	はう	おちよ
4	2-33	-/5	はう	おちよ
5	2-36	（慶長６）4/20	はう	おちよ
6	2-40	-/18	はう	おちよ
7	2-44	-/8	はう	おちよ
8	2-83	（慶長16）-/23	はう	おちよ
9	2-85	-/22	はう	おちよ
10	2-92	（慶長６カ）-/-	はう	おちよ
11	2-93	（慶長９/正月カ）/6	はう	おちよ
12	2-107	-/-	はう	おちよ
13	5-4	（慶長14/10カ）-/25	はう	いつもかもし
14	5-23	（慶長10～11カ）-/-	はう	ちま
15	5-34	（慶長14カ）10/2-	（芳春院）	-

＊［大西2017b］所収の表に加筆して転載
＊発給者の「はう」は芳春院、受給者の「おちよ」「いつもかもし」は春香院である。「ちま」は春香院の侍女とみられる

夕な気にかけている。
ここまでが本文である。
次いで、冒頭の「返々」という追伸の部分。
長らく手紙もないので万事心配している。そちらの上洛を長岡忠興（「ゑもし殿」）が許しても、帰ったところで事は収まらない。困ったものである。よくよくの分別が大切である。かしく。

用件は多岐にわたるが、芳春院の懸念は、娘の春香院と娘婿の秀家にあった。年代は「あいつすミ候ハぬまゝ」（会津）から確定できよう。会津は、関ヶ原合戦時、家康に敵対した陸奥会津の大名上杉景勝を意味する。景勝の上洛が慶長六年（一六〇一）の七月、家康から所領削減を通達され、戦後処分が確定したのが翌八月である。その処分が済んでいない、ということは、書状の年代もおのずと決まってくる。慶長六年であろう。

この年代観は春香院の動向からも支持できる。彼女は、慶長二年七月に、長岡忠興の嫡男忠隆（ただたか）に輿入れした（「兼見卿記（かねみきょうき）」）。だが、関ヶ原合戦後に忠隆が廃嫡（はいちゃく）されると、春香院は実兄利長のいた加賀金沢に移って加賀藩士村井長次（ながつぐ）と再婚する。

彼女の北陸下向（げこう）に際しては、前田利長が迎えの者を送ったらしい。これを彼女に報せた利長の書状に、徳川家康が「大ふさま」（内府）として現われるから、家康の将軍任官前、すなわち慶長八年二月以前の出来事であろう。家康の有力家臣からは下向無用と伝えられたが、利長は「早々お下りまちいり候」と述べている。程なく彼女は北陸へ下ったとみていい［大西二〇一八a］。問題はその間の消息だが、くだんの芳春院の書状の時点で、彼女はすでに忠隆と離婚していたらしい。しきりに案じられる彼女の不自由さや、岳父の長岡忠興（「越もし」「ゑもし殿」）への言及をみると、離婚は成立したが、事態はこじれていたらしい。ともあれ、春香院がこうした境遇に置かれるのは、関ヶ原合戦後でなければならない。書状の年代を慶長六年とみる私案は、より確実性を増してくる。

家康が伏見へ移ったので、そちら（大坂）は寂しくなるだろう、という文章も慶長六年四月頃の事実とよく整合する。この年三月二十三日に家康・秀忠親子が大坂から伏見へ移っており（『言緒卿記』）、しかも、家康は（おそらく大坂の）大名屋敷をことごとく伏見城下へ移転するよう命じていたらしい（卯月十八日付伊達政宗書状。大阪城天守閣所蔵文書）。

以上から、引用した芳春院の書状は慶長六年四月二十日付と確定できた。ようやく本題、傍線部の問題にかかろう。

「うきた殿」は秀家である。秀家の「くたり」は、おそらく九州への下向を意味する。第四章で詳しく扱うが、関ヶ原合戦後、秀家は上方を経て、九州薩摩の大名島津忠恒のもとに亡命する。薩摩半島の山川湊（鹿児島県指宿市）到着が慶長六年六月初めである。

その下向日程が遅延した。これを「セうし（笑止）」と彼女は表現する。すなわち困惑し、不快がって、さらに秀家の寄る辺なさを推察して嘆いていた。

この書状を確かな者に持たせて「京」へ遣わせ、との文言にも注目したい。秀家の動向を伝える必要のある存在は、関ヶ原合戦後、京都に移り住んだ秀家の正室樹正院を措いてほかにない。書状の「京」はおそらく京都の樹正院を指す。

ともあれ、秀家である。九州下向直前、秀家は泉州堺（大阪府堺市）にいたとの伝承がある（「難波経之旧記」）。そのほか潜伏先の詳細は不明、上方のどこかに隠れていたというしかない。なぜ秀家は徳川方の追捕を免れ、長期間の潜伏に成功したのか。その疑問の有力な答えが、いま紹介した芳春院の書状にありそうである。芳春院は江戸にいながらにして、上方の春香院との音信のなかで、秀家の消息に詳しく通じていた。あるいは春香院が情報源かもしれない。さらにいえば、秀家が徳川方の目を眩まし続けた背景には、芳春院や春香院らの前田氏関係者が、何らかの手助けをしていた可能性が高い。潜伏する秀家の情報を正確につかむ行為は、秀家の身柄を保護していたか、そうでなくとも、結局のところ秀家の居場所が露見しないように、何らかの工作を行っていたとみなされる。

以上、わずか一通だが、新たな同時代史料の発掘によって新知見が得られた事例を紹介した。従来ほとんど不明であった敗戦を経た秀家の消息をつかんだうえに、その長期間の逃亡を可能にした有力な理由を探り当てることができた。

なお、〈表3〉のうち、四月二十日付の書状（No.5）のほか、某月五日付の芳春院の書状（No.4）にも「うきた殿も御くたりものひ申候よし」とある。水路を択(えら)んだらしき秀家の九州下向が、何度かの遅延や予定変更を経て敢行されたことを推測できよう。

本書の構成

同時代史料の発見や編纂史料の活用によって、宇喜多氏研究は着実に進みつつある。残存史料を広く拾い集めて、丁寧な議論に努めれば、かなりの精度をもって宇喜多氏の動向は明らかにできる。そういう感触を具現化したのが前著［大西二〇一九b］であった。秀家自身には特筆すべき戦功も、顕著な能力も認められないが、その極めて個性的な生涯を目下あたうかぎり詳密に叙述した。秀家がいつ、どこで、何をしたのか、その閲歴を詳細に知りたければ、前著をご参照いただきたい。もっと簡略に秀家の生涯をたどりたければ、図版も多い拙著『宇喜多秀家』［大西二〇一七a］をみられたい。秀家の後半生に限れば、新出史料をふんだんに活用した拙著『論集　加賀藩前田家と八丈島宇喜多一類』［大西二〇一八b］がおすすめである。

こうした蓄積を踏まえて、本書では秀家の動向を時系列に沿って網羅的に追究するのではなく、この人物にまつわる疑問をいくつかに絞って、個別具体的、そして実証的に検討してみたい。あわせて、近年に至って創出された「俗説」や、明らかな誤謬（ごびゅう）には、黙殺でなく、研究者の責務として逐一反論を加えてゆく。読者や後学の研究者が「俗説」に惑わされないよう注意喚起に努めたい。

第一章では、秀家がなぜ豊臣政権の「大老」にまで立身できたのかを、四つの理由から解き明かす。第二章では、秀家による家臣団統制について考える。秀家幼少期には集団指導をとった大名宇喜多氏は、やがて秀家専制に変化してゆく。少なくとも豊臣秀吉の生前は破綻もなく家臣は秀家におおむね忠実であったのだが、それはなぜか。あわせて豊臣政権の「大老」制についても私見を示し、秀家の「大老」抜擢の具体的な道筋にも言及したい。第三章では、大名宇喜多氏の内紛、宇喜多騒動について熟考する。この出来事を具体的に議論したのは筆者の仕事が初めてだが［大西二〇〇八］、その後、ご批判もいただいたので現時点での私見を整理し、宇喜多騒動の全貌を改めて論じてみた。第四章では、関ヶ原敗戦後、なぜ秀家が生きのびることができたのか、を考える。戦場からの逃走、上方での潜伏、九州への亡命、伏見への出頭を経て、秀家は駿河に移送され、次いで八丈島に流された。秀家の逃亡・潜伏・亡命がなぜ成功したのか、徳川家康はなぜ秀家を助命したのか、こうした尽きない疑問について各種史料を精査し、筆者なりの回答を試みる。

第一章　豊臣政権と「大老」秀家

豊臣政権と豊臣秀吉

羽柴＝豊臣秀吉は、織田信長の死後、全国統一をなしとげる途上においても、さらに天下を手中に収めたあとも、その最期の時まで専制を貫いた。豊臣政権には、有力大名の連合政権という評価もあるが、筆者は跡部信氏や堀越祐一氏の主張するように、秀吉の終身独裁という理解の方が適当であろうと考えている［跡部二〇一六、堀越二〇一六］。

具体的な出自こそ不明ながら、ともかくも卑賤な身分から天下人に昇りつめた秀吉には、出世街道の大部分をみずからの決断によって切り拓(ひら)いてきたとの自負があったとみていい。何事にも独断専行がなじんでいた、といったところか。朝鮮出兵にせよ、関白を譲った甥の秀次(ひでつぐ)（一五六八～九五）を自害に追い込んだ事件（秀次事件）にせよ、秀吉が絶対的独裁者でなければ起こり得なかったのではないか。

しかも、秀吉は移り気な性分であった。イエズス会のポルトガル人宣教師ルイス・フロイス（一五三二～九七）は「心が変わり易い性格の人」と表現する。イエズス会の人々にはそれが周知のことであったらしい（『十六・七世紀イエズス会日本報告集』一―三・三八頁）。天正十七年から十八年（一五八九～九〇）にかけて、奥州の伊達政宗を成敗すると明言した秀吉が、浅野長吉（のち長政）のとりなしによってこれを撤回したように、その意向は流動的であった（上杉家文書、伊達家文書）。「変わりやすさこそが、秀吉の御掟の特質」（三二六四頁）といった評価すら存在する［跡部二〇一六］。そういえば、天正十五年のバテレン追放令にしても、発令直前まで秀吉は機嫌よく宣教師に接していたという。

豊臣秀吉像（高台寺蔵）

秀吉は気まぐれな独裁者であった。くだんの秀次事件も、秀吉の「独裁」のみをもって説明するのはあたるまい。非理性的・衝動的という個性も押さえる必要がある。事件の勃発時、すなわち文禄四年（一五九五）の七月初旬、のちの「大老」徳川家康や上杉景勝は政権所在地の京都・大坂にはいなかった。景勝はともかく、家康という最有力大名の不在という間隙を狙って、秀吉が秀次追放に動いた、とみなすのはうがちすぎであろう。諸大名に宛てた秀吉の朱印状には「今度、関白相届かざる子細これあるに付いて高野山え遣わされ候」（吉川家文書等）とあるが、「相届かざる子細」が示す具体的な事情はほとんどわからない。公家の山科言経は七月十五日の秀次切腹をその翌日に知り、「御謀叛必定の由風聞なり」と、秀次の謀反を確実視するが、これも世間の風聞にとどまる（「言経卿記」）。秀次が秀吉の逆鱗に触れたという以外に説明のつかない、突発的な政変であった。

秀吉は、当時の感覚では老齢というべき五十九歳。秀次を除けば政権の後継者は、秀吉のただ一人の実子、三歳の秀頼（拾）しか残らない。秀次事件後の冬から翌年の初頭にかけて「御不例」に陥ったように（「義演准后日記」）、秀吉には老衰が兆していた。秀次を失脚させれば、豊臣政権がいかに混乱するか、想像するのはたやすい。事実、秀次の高野山追放とその切腹後、秀次と親しい大名の処罰や、秀次妻子の処刑が続き、政権は大きく動揺する。

家康や景勝の不在時にあえてこの暴挙に出たところに、秀吉の無計画性がよく現われている。さらに数年後の最晩年、田の裏作として栽培されていた麦の三分の一を徴収するという、「明かに石高制の原則に反した年貢増徴策」（[三鬼二〇一二] 三五八頁）を断行したことも、秀吉の独裁とその気まぐれを現わす好例であろう。第二次朝鮮出兵にともなう兵糧不足を背景に、米年貢に加えて、二毛作で栽培されていた麦をさらに徴収するという、年貢の二重取りであった。慶長二年（一五九七）四月に布告されたこの命令が、翌年八月の秀吉の死によって撤回された事実から、在地社会の反発だけでなく、秀吉による極端な独断専行を想像するのはたやすかろう。

豊臣政権は、秀吉個人の意思と密接不可分であった。したがって、諸大名の地位は秀吉との個人的関係によって、その浮沈がほぼ決まる。政治的力量の不確かな、本書の主人公宇喜多秀家が「大老」の一角に割り込んだ理由も、秀吉の個性という問題抜きに説明のつけようがない。

詳しくは後述するが、中近世移行期――本書では戦国期から豊臣期、そして徳川幕府草創の頃まで――の日本は、能力主義の時代であった。家柄も大切だが、それよりも相応の器量が大名には求められる。にもかかわらず、それほど優れた能力に恵まれたとは思えない秀家が、少なくとも秀吉の死までは、そう大きな波乱もなく、大名としての地位を保ち得て、しかも国政を左右する立場にまで昇ったのは、秀吉という気まぐれな独裁者の存在あったればこその奇跡であった。

秀家の立身出世の理由を、さらに具体的にいえば、秀吉に絡んで大別四点。順番に筆者の考えを述べてみたい。

毛利氏との死闘

天正十年（一五八二）六月二日、京都本能寺にいた織田信長が、家臣明智光秀の襲撃によって落命した。いわゆる本能寺の変である。

この時、羽柴秀吉は備中高松城（岡山市北区）を包囲する陣中にあった。備前・美作地方を領する宇喜多氏の軍勢を従えて、安芸の吉田郡山城（広島県安芸高田市）を本拠に宇喜多氏領国以西の山陰・山陽地域を統べる毛利輝元の大軍と対峙している。清水宗治の籠もる高松城は、毛利方の備中南部における拠点であった。秀吉は城の周りに堤を築き、足守川の水を引き入れて城を水没させる「水責」戦術をとっている（溝江文書）。

信長横死の急報をうけた秀吉は、ただちに毛利方との一時停戦をまとめて軍勢を上方へ引き返す。城主清水宗治に腹を切らせて、高松城を接収したのが六月四日。高松を発ったのが翌五日で、六日ないし七日には姫路城（兵庫県姫路市）に到着、次いで山崎の合戦において明智光秀を撃破し、主君信長の仇を取ったのが十三日である。信長の後継者として秀吉が天下統一に乗り出す端緒は、いわば高松城包囲陣における信長の死を知った瞬間にあった。

ここまでは本書の読者であれば、よくご存じの流れであろう。ここで注意すべきは語りの視点にある。日本史を扱う一般書に語られる以上の過程は、ほとんど秀吉の立場から眺められる場合が多い。秀吉の視点から離れると、ずいぶん違った景色がみえるのではないか。

そこで宇喜多氏である。あまり注意されないが、備中高松城攻めの直前まで、宇喜多氏は危急存亡の瀬戸際にあった。秀家が「大老」に抜擢された理由の一つ目は、この時期の宇喜多氏の動きにあると筆者は睨んでいる。しばらくこの問題について述べてみたい。

毛利輝元像（東京大学史料編纂所蔵模写）

三年ほど年月を遡る。天正七年九月、秀家の父直家は毛利氏の陣営を脱して、羽柴秀吉の仲介をもって織田信長に服属することになった。秀吉はさっそく信長の本拠地近江安土城（滋賀県近江八幡市）に赴いて直家の決断を報告したが（九月四日）、信長は許諾せず、秀吉を播磨へ追い返した。秀吉はいろいろと苦心して事情の説明を尽くしたのであろう、直家の望みが容れられ、十月晦日に、直家の名代宇喜多与太郎（元家）が、摂津昆陽野（兵庫県伊丹市）に陣取る織田信忠（信長の嫡男）のもとへ御礼言上のため、出向いたらしい（『信長公記』）。宇喜多与太郎は直家の実弟忠家の息子である。以上から、信長による直家帰順の許可は十月下旬頃とみなせよう。

なお、この間の十月七日、直家から信長に対し、謝罪が行われたとの指摘があるが［渡邊二〇一一・二〇一八］、文脈の無視に基づく史料の誤読である。その主張者は「十月七日、直家の方から信長に対し、謝罪を行っているのである（「淡輪文書」）」（［渡邊二〇一一］一六一頁）という。播磨周辺の政情を伝える典拠史料（十月七日付水野守隆書状。淡輪文書）には、確かに「備前うきた御わび（詫）事申し候て相済み候儀、必定に候」とある。だが、この一文は、直家が（信長に）謝罪して事が済む（宇喜多氏の帰順が認められる）のは間違いない、という将来の観測にとどまる。「備前うきた御わび事」は、これ以前に秀吉が仲介して信長に帰順を申し入れた状況の説明と捉えるのが穏当であろう。この書状の執筆日である十月七日に、直家から信長に謝罪が行われたと理解するのは無理があるし、不正確といえる。

帰順そのものの曲折が暗示するように、この鞍替えが宇喜多氏の苦難の始まりでもあった。豊臣政権における秀家の累進という最終的な結果からいえば、毛利氏を捨てて信長を取った直家の選択は正しかったといえる。だが、宇喜多氏はこのあと三年にわたって毛利氏との死闘を強いられた。毛利輝元や、その叔父小早川隆景（一五三三～九七）が「宇喜多逆心」と表現したように（「萩藩閥閲録」等）、毛利氏にすれば、直家の行動は許容すべからざる（従属下の勢力による）反逆であった。

大敵毛利氏に対し、宇喜多氏は善戦した。信長から中国地方の経略を任された秀吉は、播磨三木城（兵庫県三木市。～天正八年正月）や、因幡鳥取城（鳥取県鳥取市。～天正九年十月）攻めに忙しく、天正十年四月に備前・備中へ進むまでの間、宇喜多氏を直接支援すべく備作地方に入ったのは、天正八年閏三月の一度きりであった（「紀伊国古文書」等）。

とはいえ、開戦一年にも満たない天正八年五月の時点において、すでに宇喜多方の疲弊は敵方に見透かされていた。山本浩樹氏がこの年に比定した五月十二日付の安国寺恵瓊の書状に注目したい（巻子本厳島文書）。毛利方の外交僧恵瓊が、安芸厳島神社の社家棚守房顕に宛てたこの情勢報告には、次のような観測がみえる［山本二〇一〇］。

備前表の戦闘は一～二年では決着はつかないだろう。特に一～二度、こちらに軽率な軍事行動「楚忽の動」があったので仕方がない。宇喜多氏家臣の疲弊はひと通りでない。仲違いしている家臣もいるので、こちらの対応次第では、宇喜多氏は「一城」になるだろう。宇喜多氏は京都の織田信長を後ろ盾にしているが、宇喜多氏と信長との関係は間違いなく「半熟」、すなわち盤石ではない。いまは信長に対する工作が大切である。なお、ここでの「一城」云々は、一つの城しか持ち得ない程度に追いつめることができよう、といった意味合いであろう。

恵瓊はまた、明智光秀の使僧から信長方の意向を次のように聞いてもいた。「何れも宇喜多表裏者にて候間（とにかく直家は言動に裏表のある油断のならない人物だから）」、信長は毛利氏との和睦を望んでいると。

宇喜多氏の苦境は明らかであろう。毛利方の「楚忽の動」、たとえば、天正八年三月十三日の辛川合戦や同年四月十四日の「賀茂崩」（ともに備前に進出した毛利勢を撃退）のような勝ち戦もあったが（湯浅家文書等）、持久戦になれば必敗というべきか。毛利氏との対戦にくたびれ、家臣団も一枚岩ではない、というのは、あくまでも敵方の分析である。多少は割り引いて考えるべきであろうが、信長の態度は要注意である。恵瓊が記したように、宇喜多氏の頭越しに織田・毛利間の和睦が成立すれば、信長から「表裏者」とみなされ、毛利方には「宇喜多逆心」と恨まれる宇喜多氏に、明るい行く末が描けるだろうか。

滅亡寸前の宇喜多氏

織田・毛利間の和睦は実現をみなかった。現在のところ、右に引いた恵瓊の書状以外にこの交渉をうかがう証跡はない。結果をみても、備中高松の開城に至るまで織田・毛利間の交戦は継続した。山本浩樹氏が「未完の和睦交渉」（［山本二〇一〇］八九頁）と評したように、講和交渉はおそらく立ち消えたのであろう。

では、恵瓊が「半熟」とみた信長と宇喜多氏との関係はどうなったのか。毛利氏に対する信長の秋波（しゅうは）があったとして、それを直家が察知できたか否（いな）かは定かでない。仮に「半熟」が事実として、信長の策動を直家が察知したとすれば、両者の紛糾は必至であろう。

実際にこじれかけていた。宣教師ルイス・フロイスによる、西暦一五八一年四月十四日（和暦天正九年三月十一日）付の書簡に次のような記事がある。

> 藤吉郎 Toquichiro（羽柴秀吉）は備前の領主宇喜多殿 Vquitadono（直家）の人質を播磨に置いてあったが、数日前逃れた。之に依つて宇喜多が再び毛利と和を結ぶであらうと推察される。
> 【史料4】一五八一年四月十四日〈天正九年三月十一日〉付ルイス・フロイス書簡）

伝聞情報ながら、京都にいたフロイスの証言は見過ごせない。人質の逃亡が史実かどうかにかかわらず、そういう情報がフロイスの耳に届き、そこで毛利・宇喜多両氏の講和が推測されたのは事実である。人質の逃亡をただちに講和に結びつけるのは極端だが、それは必ずしも思考の飛躍を意味しまい。中国地方における戦線の流動性が、そういう推測を生んだのであろう。

この推測が当たったというべきか、事実、直家は毛利氏に接近していたらしい。鳥取城将吉川経家の証言がある。天正九年五月十六日、秀吉らを相手に籠城戦を展開していた経家が、石見福光（経家の本拠地。島根県大田市）の重富新五郎に宛てた書状の一節をみられたい。

【史料5】〔天正九年〕五月十六日付重富新五郎宛吉川経家書状）

（読み下し）
一、京芸御和平の儀、いまだ相澄まず候や、
一、直家懇望の儀も聢とは澄まざるの由申し候、

「京」は信長、「芸」は安芸の毛利氏を指し、織田方との講和はまだか、ということ。続く「直家懇望の儀」は何を指すのか明確でないが、直家が毛利方に何かを願い出たが、確定的な回答はなされていない。以上のようなことを、経家は聞いたらしい。

前年に信長が毛利方に持ちかけたという講和交渉は、先述の通り、頓挫に終わったようである。だが、経家の言葉を踏まえると、この時期に至っても、毛利方の認識では、交渉の余地は残されていた。

問題の「直家懇望の儀」はどうであろうか。吉川経家がこの三日後の五月十九日に重富新

五郎に送った書状にも同じ文言がみえる。

（読み下し）

一、直家懇望の儀、聢と相澄むとも聞かず候、また礑と申しはなす躰も御座なく候、京芸御弓精を見刷い候かと存じ候、

（【史料6】〔天正九年〕五月十九日付重富新五郎宛吉川経家書状）

意訳すると、直家からの願い出に対し、毛利方の判断が下ったとは聞いていない。きっぱりと「申しはなす」、この願い出が拒絶されたようでもない。回答保留の状態は「京芸（織田・毛利間）」の「弓精（勢）（軍事的な勢い）」を見計らっているからであろう、となる。

やはり「懇望」が何なのか、よくわからない。ただ、森俊弘氏はこの「懇望」を直家から毛利氏への和睦の申し入れとみなし［久世町二〇〇四］、山本浩樹氏も同様の理解を示して、毛利氏はその回答を保留していたと考える［山本二〇一〇］。

確かに、そう考えるのが妥当であろう。天正九年の四月、直家の姉妹婿と伝承される伊賀久隆が頓死した（「萩藩閥閲録遺漏」）。伊賀氏は備前北部を押さえる有力者で、天正八年四月には備前に侵攻した毛利勢を撃退するなど（「賀茂崩」）、戦線の維持に重要な役割を担って

いた。だが、久隆の頓死が何らかの契機となって、その跡を継いだ伊賀家久が同年八月以前に毛利氏へ寝返った。この家久の寝返りに対し、「宇喜多由(油)断故、かくの如し（直家の油断がこういう事態を招いた）」（「蜂須賀文書写」）と信長が不快感を示したのも当然であろう。

それはともかく、小早川隆景ら毛利方の有力者は、味方に加わった伊賀家久に対し、天正九年八月十九日付で身上の保証を誓約している。その文言にいわく、「直家重ねて懇望の時、赦免せしむといえども、家久御事、差し放ち申すまじき事」（「萩藩閥閲録」）。直家が再び懇望してきて赦免したとしても、すなわち毛利方への復帰を遂げたとしても、直家にとっては裏切り者の伊賀家久を見放しはしない、ということである。

ここに、直家赦免の前提として「重ねて懇望」という文言がみえることに注意したい。要するに、以前に直家から「懇望」があったが、その問題はすでに決着済み、という事実がこの文言から導き出せよう。これこそが吉川経家の書状にみえる「懇望」を指すと思われ、したがって「懇望」の内容は、右の引用文の「赦免」が示唆するように、毛利氏との和睦であったと結論できる。すなわち、天正九年五月頃に直家は毛利方に和睦を申し入れたが、拒否されたのである。

毛利方にすれば、直家の降伏を受け入れる余地はなかった。直家は織田方に寝返った反逆人である。しかもこの頃、毛利方は「備作一着の上」、この戦争の終結後に、備前や美作国内など宇喜多氏の勢力圏から恩賞をとらせるという判物を配下の諸将に与えていた（「萩藩閥閲録」等）。毛利氏にとって、宇喜多氏は滅ぼさなければならない存在であった。

なお、鳥取城はその後、秀吉の厳しい兵糧攻めの末、同年十月に開城・降伏した。城将吉川経家は、織田・毛利両勢力間の鳥取城を「日本二つの御弓矢境」と例え、その境目における自身の切腹を「末代の名誉」と書き残している（石見吉川家文書）。

織田信長の心変わり

天正九年（一五八一）は対毛利戦に好転の兆しもなく暮れてゆく。岩屋城（岡山県津山市）や宮山城（岡山県真庭市）の失陥によって美作はほとんど毛利方の手に落ち、備前北部の伊賀家久の離反に加え、備前・美作国境を押さえる備中忍山城（岡山市北区）も奪われた〔久世町二〇〇四・畑二〇〇八・山本二〇一〇等〕。同年十一月六日付で秀吉の幕僚蜂須賀正勝に与えた信長印判状（写本）の一部を次に掲げる。

（読み下し）

備中忍城（忍山城）の事、宇喜多覚悟なきに依り、かくの如きの段沙汰の限り、この方まで無念是非に及ばず候、それにつき宇喜多煩再発の由に候、永々所労少しく験気を得、また相発し候旨、本復仕り難く候、これまた是非なき次第に候、

（現代語訳）

忍山城陥落は、宇喜多方の油断の結果であって論外、当方も無念である。宇喜多直家の病気が再発したという。長期間の病気が少し回復したが、また再発したので本復は難しいであろう。これも仕方がない。

【史料7】〔天正九年〕十一月六日付蜂須賀正勝宛織田信長印判状〈写本〉

戦局の悪化に加え、直家にも死期が迫っていたらしい。この史料から、天正九年十一月以前、直家が長々と病気を患っていて、一時的に回復傾向をみせたが、この直前に病勢が一転したことが判明する。「永々所労」という表現からいえば、直家が毛利氏に「懇望」、接近した時期にはすでに病に臥せっていたのであろう。さらにいえば、前年以前から患っていた可能性さえある。天正八年閏三月にはみずから美作へ出陣しているので、それ以降の罹患であろうか（「萩藩閥閲録」）。とすれば、信長が秀吉・直家の頭越しに毛利氏に講和を打診したという一件、そして直家が毛利氏に再度の従属を願い出たらしき出来事は、いずれも直家の長

患い（わずらい）が影響していたのかもしれない。信長は、直家の「表裏」という属性に加えて、この人物の体調悪化を知って宇喜多氏に見切りをつけ、直家も自身の死期を悟り、戦線維持の困難を感じて、毛利氏との単独講和を図ったのではあるまいか。筆者の仮定が正しければ、さきに安国寺恵瓊の書状から紹介した宇喜多氏内部の混乱も、直家の病気による求心力の低下に基づくと、整合的な説明がつけられる。

ともあれ、直家の病気を、中国戦線の流動化の一つの背景として踏まえておきたい。

だが、ここへきて信長の態度が宇喜多氏擁護に転じた。直家の病気にもかかわらず、忍山城陥落を叱責（しっせき）した翌月には、対毛利戦の決着を見越して宇喜多氏の条件付き備中加増を言明した。それは中川清秀（なかがわきよひで）に宛てた秀吉の書状（天正九年十二月三日付）に明らかである。前年（天正八年）の九月十七日、信長は中川清秀に対し「中国一両国（中国地方の二か国）」を与えることを約束していた（中川家文書）。その件を前提に、中川および宇喜多氏への領地配分の条件が改めて秀吉を介して中川に示されたらしい。

（読み下し）

西国（さいごく）の内において両国仰せ付けられ、御朱印御頂戴の由、福平左（福富秀勝）・下彦右（下石頼重）・野三十（野々村正成）をもって仰せられ候条々の事、

一、宇喜泉（直家）、上様（信長）へ如在（じょさい）申され、彼の国仰せ付けられざるにおいては、御朱印の旨に任せ馳走申すべき事、

一、いよいよ宇喜泉忠節申され、備中の儀御朱印の旨に任せ、宇喜泉に仰せ付けらるにおいては、備後の次の国をもって替りとして仰せ付けられ候様に馳走申すべく候事、

（現代語訳）

西国の二か国を与えるという信長の「御朱印」を（前年に中川が）頂戴したとのこと（につき）、福富秀勝（ふくずみひでかつ）・下石頼重（おろしよりしげ）・野々村正成（ののむらまさなり）をもって伝達された条々のこと。

一、宇喜多直家の働きに、信長に対する「如在（手抜かり）」があって、「彼の国」を与えないことになれば、（前年に与えた信長の）「御朱印」通りに所領を与えるであろう。

一、ますます宇喜多直家が忠節に励んで、（信長の）「御朱印」通りに備中を与えることになった場合は、備後の次の国を（備中の）代わりに（中川へ）与えるであろう。

（【史料8】天正九年十二月三日付中川清秀宛羽柴秀吉書状）

おそらく中川に約束されていた「中国一両国」のうちの一国は備中であった。だが、信長はこの時期に至って宇喜多氏に関する考えを変化させ、宇喜多氏が軍功を励めば現在の領地

に備中を加える方針を示し、すでに直家へ朱印状を交付していたらしい。その処置が、中川への対応変更を迫り、「備後の次の国」が備中の代わりになったとみられる。中川に対する「中国一両国」が備後とその「次の国」の二か国に変更されたわけである。なお、藤田達生氏は「次の国」を安芸と推定し、「毛利氏の本領といってよい」備後・安芸の宛行（あてがい）が予定された点を重くみて、「信長が場合によっては毛利氏を滅亡させることすら考慮していたことがうかがわれる」（九一頁）と述べている［藤田二〇〇七］。

それはともかく、信長の心変わりの理由はわからない。毛利氏に対して劣勢に立ち、しかも当主直家が生命の危機にあるなかで、信長は宇喜多氏に対し、条件付きとはいえ、備中一国の加増をちらつかせながら奮起を促した事実を押さえておく。

宇喜多直家の最期

宇喜多直家の死去はいつか。一般的には「浦上宇喜多両家記」を初出とし、例の「備前軍記」が踏襲した天正九年（一五八二）二月十四日説がよく知られている。だが、残存史料から忌日を確定するのはなかなか難しい。

ここまで見てきた通り、直家は天正九年二月十四日以後も存命していたようで、さきの十一月六日付の信長印判状には「宇喜多煩再発」とあったし、いまみた十二月三日付の秀吉書状にも「宇喜泉」として登場する。したがって十一月から十二月、あるいは翌年正月にかけて直家は最期の時を迎えたのであろう［森二〇〇三、大西二〇一九b等］。「信長公記」によると、翌天正十年正月二十一日、秀吉が宇喜多氏の有力家臣をともなって安土城に赴き、直家の遺児秀家に対する家督継承の許可を得ている。

このあと二月二十一日には、備前児島における会戦、いわゆる八浜合戦があった。ここで宇喜多与太郎が戦死するなど、宇喜多氏の苦境はより深刻化したが、四月二日、羽柴秀吉が播磨姫路を出陣、同月四日に岡山を経て備中へ進むと戦局は一転する。備前をうかがう備中東南部の毛利方拠点が次々に秀吉・宇喜多勢に攻め落とされ、さらに備中日幡城（岡山県倉敷市）にいた毛利方の上原元祐（毛利元就の娘婿）が織田方へ寝返った。しかも秀吉の調略は、小早川隆景の有力家臣乃美氏や、村上水軍を率いる村上武吉・元吉にも及んでいた。特に、乃美氏に対しては、安芸・周防・長門の三か国に黄金五百枚という過分の条件が示され（乃美文書）、毛利方の内部にも動揺が生じていたらしい［藤田二〇〇七］。秀吉自身の梃入れによって、宇喜多氏はかくて逆襲に転じたのである。

なお、宇喜多氏にとって一大転機となった秀吉の出陣時期につき、秀吉の出陣は三月で、三月十五日には岡山城に入ったとの異説がある［渡邊二〇一一・二〇一八］。四月二日の姫路出陣、同月四日の岡山着陣は、黒田孝高書状（三月二十四日付。牧家文書）の「来たる二日（四月）に筑州（秀吉）出城」や、小早川隆景書状（四月五日付。乃美文書）の「羽柴（秀吉）去る二日罷り立ち、昨日四（四日）岡山着」といった文言など、複数の同時代史料から揺るがないが、この説の主張者はなぜか繰り返し三月十五日の岡山入城を主張する。もとより論拠不明であるし、史料の誤読による空想であろうが、史実と勘違いする読者もあろう。多少の見識があれば看破はたやすいが、宇喜多氏をめぐる重要事項でもあるので、特に誤りを指摘して注意を喚起しておく。

この天正十年四月の転回がなければ、豊臣政権の「大老」宇喜多秀家は存在しなかった、とさえいえる。ただし、ここで強調しておきたいのは、直家が信長陣営に鞍替えして以来の三年弱にわたる事態の流動性である。ことに直家や秀吉を差し置いて進められた信長による毛利方との講和交渉、おそらく直家の独断による毛利方への接近は、いずれも実現をみたならば、宇喜多氏は亡ぶか、所領のあらかたを失ったであろう。だが、いずれの動きも立ち消え、さまざまな曲折があったが、天正十年四月の秀吉出陣までの期間、宇喜多氏はほぼ独自の軍事力によって毛利氏相手の死闘を戦い抜いたのである。

この事実を誰よりも重くみたのが、ほかならぬ秀吉であった、というのが私見である。信長から中国経略を任された秀吉は、天正六年に三木城の別所長治のほか、御着城（兵庫県姫路市）の小寺政職ら播磨の中小領主の寝返り（大坂本願寺・毛利方への与同）、播磨・備前・

美作国境を押さえる上月城（兵庫県佐用町）の陥落といった失態を演じ、天正六年の冬から同九年の秋までの間、「筑前守」の受領名を返上して、通称を旧来の「藤吉郎」に戻していた［播磨二〇一四、依藤二〇一五］。

挽回の機会をうかがう秀吉には、これ以上の失策が許されなかった。直家の調略も対毛利戦線を播磨から備中まで一気に進める点で、起死回生の一策であった。

しかも各地を転戦する秀吉にすれば、毛利方の攻勢に宇喜多氏がほぼ独力でもちこたえたことはありがたかった。宇喜多氏の窮地を救ったのが秀吉なら、秀吉がこれ以上の失態を犯さぬよう死力を尽くしたのが宇喜多氏であったといえる。従来は宇喜多氏の後見役として、宇喜多氏を助けた面が強調される秀吉であるが、その足元は盤石ではなかった。

相互補完の関係性といえようか。秀吉から宇喜多氏への軍事的な期待は、本能寺の変後もしばらくは継続したであろう。宇喜多氏は備前・美作二か国に加えて備中・播磨の一部を押さえている。天正十年の時点では、秀吉が推戴した織田信雄（信長の次男）を除くと、秀吉陣営における最大の勢力こそが宇喜多氏であった［大西二〇一九b］。秀吉陣営における他の有力者を探すと、たとえば丹羽長秀がいるが、その所領は本能寺の変時点で若狭一国にも及ばない。北陸能登に根を張る前田利家も、賤ケ岳の合戦後に加賀北部を加増されて秀吉陣営に加わるが、これも宇喜多氏の領国規模には届かない。のちの「大老」毛利輝元・上杉景勝・徳川家康の場合、上洛・上坂して秀吉に拝謁を遂げ、豊臣政権に正式に服属するのは、いずれも秀吉の関白任官後のことである。

豊臣政権の形成期における宇喜多氏の存在感は抜群といっていい。天正十一年の四月、賤ケ岳の合戦で柴田勝家を破り、次いで越前北庄城（福井県福井市）にこれを滅ぼした秀吉は、同年のうちに学識ある配下の大村由己にその経緯を述作させた。「天正記」、あるいはその一部として「柴田退治記」の表題で知られるこの史料の一節が、秀吉がいかに宇喜多氏を高く評価していたかを雄弁に物語っている。

（原文）

ひせん〔備前〕・ミま坂〔美作〕両こくう〔国〕喜多なお家〔宇喜多直家〕、先年はりま〔播磨〕の別所むほん〔謀反〕のきさミ〔刻〕、西国をそむき〔背〕、秀吉一身〔一味〕のくに〔国〕あやうき〔危〕事度々に及ぶといへ共、無二のかくこ〔覚悟〕なし、じゆ今〔入魂〕おなす、是によつて、なお家ゑんかう〔遠行〕の後、ちやく男〔嫡男〕めし出、せいくん〔婿君〕と名字わけ、ハしは八らう〔羽柴八郎〕とかうす〔号〕、分国の外処々りやう地〔領知〕したもふ、

（現代語訳）

備前・美作両国の（大名）宇喜多直家は、さきに播磨の別所長治が（毛利方に）寝返っ

た時、「西国（毛利方）」から離脱した。秀吉陣営の領域は度々危機に襲われたが、並々ならぬ覚悟をもって（秀吉のために）尽力してくれた。だから直家が没すると、その嫡男を取り立てて、恩賞として秀吉の婿に迎え、「羽柴」の名字を与えて「羽柴八郎」と名乗らせた。さらに「分国の外（備前・美作の地以外）」にも所領を与えた。

（【史料9】「天正記」二）

念のため補足しておくと、三木城の別所長治が信長に背いたのが天正六年二月、直家が信長に帰順を認められたのが天正七年十月だから、この記事を素直に読むと、時系列に狂いが出てくる。天正十一年十一月成立の同時代史料とはいえ、大村由己の叙述は粗削りといえようか。兵糧攻めの末、三木城が落ちたのが天正八年正月である。よって「はりまの別所むほんのきさミ」という表現は、秀吉が信長に歯向かう三木城を攻めている期間に、といった辺りで理解しておくのがいいだろう。

ともあれ、秀吉は宇喜多氏（直家）に大きな恩義があって、それが秀家の取り立てにつながったというのが筆者の理解である。その見立ては、天正七年から同十年にかかる中国戦線の有様と「天正記」の記事から導いたものだが、いかがだろうか。この経緯に、秀吉の天下統一に一貫して協力したという実績が加わった結果、秀家の引き立ては至当のなりゆきとして理解できるのである［大西二〇一〇等］。

樹正院との婚姻

なぜ豊臣政権において、宇喜多秀家が厚遇されたのか、次いで二つ目の理由である。筆者長年の持論、秀家の正室樹正院の存在を挙げたい。通例「豪姫（ごうひめ）」と呼ばれるこの女性は、前田利家の四女として生まれ、幼少期に実子のなかった秀吉の養女に迎えられたという。

この養子縁組がいつのことなのか、同時代史料には記述がない。そこで成立年代の早い編纂史料を探すと、小瀬甫庵（おぜほあん）の「太閤記（たいこうき）」に先行する「川角太閤記（かわすみ）」がひっかかる［桑田一九四〇］。元和（げんな）年間（一六一五～二四）の成立という同書は、「前田又左衛門（利家）は、筑前守（秀吉）とあいあけの如し、その子細は、又左衛門娘二つのとし、筑前守もらい、養子に仕置くなり（前田利家は秀吉の親類同然である。その理由は利家の娘を二歳の時に秀吉が養子にもらったからである）」という。この主張をひとまず信じれば、樹正院は天正二年（一五七四）の生まれだから、数え年二歳の天正三年に秀吉の養女に入ったことになる。ただし、おそらくは伝聞情報であろう。そこで確度の高い情報も挙げておく。秀吉が自身「おと〻（父）」と署名し、「五もしさま（ごもじ）」という女性に宛てた次の書状である。

（原文）
そもしけなけにて、くこ（供御）も一たんまいり候や、うけたまハりたく候、御ゆかしくかならすくやかてひめち（姫路）へよひ可申候ま丶、御心やすく候へく候、

【史料10】年月日未詳樹正院宛羽柴秀吉書状）

前田利家像（写真提供：石川県立美術館）

意訳すると、元気に食事もたくさんとっていますか、聞かせてください。あなたに会いたい、必ずすぐに姫路に呼びよせるから安心なさい、といったところだろうか。

「五もし」は御寮人の意で女性一般を指す呼び方だが、この場合、相手が幼児のようでもあるし、秀吉が自身を「おと丶」というくらいだから、それは樹正院のほかに該当者なしである。秀吉がよほどこの女性を鍾愛していた雰囲気も、わざわざ「さま」付で呼ぶところから漂ってくる。ほかに「と丶（父）のちくせん（筑前）」と署名し、やはり「やかて五もしよひ可申候ま丶（すぐに五もじを呼ぶので）」といった彼女に対する寵愛がよくわかる書状もある（『弘文

荘待賈古書目』五〇所収文書）。こちらでも宛先は「五もしさま」。秀吉が「筑前守」を称した天正十二年以前の書状であろう。一応申し添えておくと、後年の書状のなかで、秀吉は樹正院を指して太閤秘蔵の子と述べている（後述）。

樹正院が幼少時から秀吉の養女であったことは以上から明白であろう。しかも、秀吉の可愛がり方は通り一遍ではない。その婿に秀家を選んだのだから、宇喜多氏に対する秀吉の恩義の深さが思いやられる。

さきに「せいくん（婿君）」云々という「天正記」の一節を引いた。「はじめに」で述べたように秀家・樹正院の祝言は天正十六年正月以前だが、婚約自体は「天正記」が成立した天正十一年以前にまで遡る［大西二〇一九b］。さらに注視すべきは、備前周辺の伝承をまとめた「浦上宇喜多両家記」と、樹正院が後半生を過ごした加賀周辺の説話を集成した「政春古兵談（まさはるこへいだん）」がそろって、天正十年の六月、秀吉が備中高松での講和を経て上方へ取って返す途上、特に指示を与えて縁組が成立したと主張することであろう。「浦上宇喜多両家記」はその内容の近似から「戸川家譜」と同じく戸川安吉の著述、「政春古兵談」は加賀藩の兵学者関屋政春（せきやまさはる）（新兵衛。一六一五〜八五）の筆記とみられる。十七世紀後半、無関係に成立した二つの編纂史料が、ほぼ同じように語っているわけだから、天正十年六月の婚約成立はおそらく虚構ではない［大西二〇一九b］。

樹正院の存在意義

宇喜多秀家はその短い前半生において、異様な栄達を遂げる。十一歳で家督を継いだ秀家は、初陣と思われる天正十三年（一五八五）の紀州根来・雑賀攻め以降、秀吉から華々しい役割をあてがわれ続ける。たとえば、第一次朝鮮出兵では、秀吉の渡海中止にともない、秀家の立場が在朝鮮日本軍の大将に転じた。

官位・家格の上昇も際立っている。天正十六年四月、秀吉が京都における政庁聚楽第に後陽成天皇を迎えるに先立ち、秀家は十七歳にして従三位の位階を与えられ、行幸の最中に「清華成」を果たした。大名家としての宇喜多氏は、ここに関白秀吉の豊臣宗家という「摂関家」に次ぐ「清華家」という家格を得たのである。この時点での武家「清華家」は、秀吉の実弟豊臣秀長、のちに関白の座につく秀吉の甥豊臣秀次、秀吉の旧主家として別格扱いの織田信雄、織田信長の同盟者としてやはり別格といえる徳川家康、そして新進気鋭の宇喜多秀家という顔ぶれであった。武家「清華家」には、のちに毛利輝元（天正十六年七月）、上杉景勝（天正十六年八月）、前田利家（天正十九年正月）、小早川隆景（文禄五年〔一五九六〕五月）が加わる［矢部二〇〇八］。

秀家自身には特筆すべき戦功も、顕著な能力も認められない。にもかかわらず、秀家の父直家が一代で興した大名宇喜多氏は、ここに秀吉一族の二家と、織田・徳川両家に並ぶという、驚くべき栄誉に浴したのである。

なぜなのか。秀家の器量や能力を考えると、およそ不釣り合いな厚遇をなぜうけたのか。しかも、なぜ秀吉の最期まで秀家の厚遇が続いたのか。秀家の輝かしい経歴を洗うと、こうした疑問が湧き上がる。そこで筆者が到達した理由こそが、秀吉の養女婿という秀家の属性であった。秀家の政治的立場を担保した存在こそ、この樹正院という女性であったのではないか。

樹正院は秀吉の養女として、極めて政治的な存在でもあった。文禄四年の出産後に体調を崩して不例に陥った時、秀家は国許の吉備津神社（岡山市北区）に回復祈禱を依頼したうえ、備前の百姓にまで彼女のための祈念を命じている（備中吉備津神社文書）。樹正院の死は、秀吉との縁戚関係の解消を意味する。樹正院に万一の事態があった場合、みずからの政治的立場が危うくなる。秀家はそれを自覚していたのであろう。だからこそ、回復祈禱に領民をも動員した［大西二〇一二a］。

秀家が朝鮮半島で戦っていた第二次朝鮮出兵さなかの慶長三年（一五九八）正月には、樹正院が疱瘡（天然痘）にかかっている。その時も増田長盛から彼女の疱瘡罹患と容体とが朝鮮半島に急報された（「宗国史」）。政権下の諸将に、彼女の生死が政治的に少なからぬ影響を与えるという共通認識があったればこその措置であろう［大西二〇一八b］。

秀家に対する政治的処遇の背景には、その能力よりも、むしろ秀吉の婿であった事実、しかも秀吉が鍾愛する、政治的存在でもあった樹正院の夫という属性が大きな意味をもっていた。秀吉がいかに宇喜多氏に恩義を感じていても、秀家が「他人」であればかくも引き立てなかったであろう。養女婿という「一族」だからこその、立身出世と筆者は見立てたい。天正七年以来の宇喜多氏の尽力に対して、そして今後の働きを期待して秀吉は、秀家を養女婿に選んだ［大西二〇一〇・二〇一二a等］。以上、秀家が「大老」にまで累進した二つ目の理由である。

秀吉との相性

秀家に輿入れしたあとも、秀吉は終生、養女の樹正院を寵愛し続けた。たとえば、正室北政所（きたのまんどころ）（?〜一六二四）に宛てたある書状には、彼女について「大かう（太閤秀吉）ひそのこ（秘蔵）（子）にて候まゝ、ねよりうへ（北政所）（上）のくわん（官）にいたしたく候（太閤秘蔵の子であるから、北政所より上の官につけたい）」（賜芦文庫所蔵文書）云々と語られている。

秀吉書状の特徴は、表現の率直さにある。この書状でも樹正院への情愛の深さをさらけだす一方で、「八郎(秀家)ニハかまわす候（秀家に構うことはない）」と言い放って遠慮がない。これも秀吉なりの秀家への親近感の表われ、親しさゆえの軽口であろう（「大西二〇一〇・二〇一七b・二〇一九b」）。かつて筆者はこの史料の年代を文禄二年正月頃と述べたが、同年三月頃とみるべきであろう。謹んで訂正する）。ともあれ、ここでは樹正院に対する破格の扱いを押さえておきたい。

樹正院をかわいがった秀吉は、秀家にも目をかけてあからさまに厚遇した。秀吉が死の間際に「備前中納言(秀家)事は、幼少より御取り立てなされ候の間……」（浅野家文書）と述懐した通りである。なぜか自治体史や史料集には採られていないが、もう少し直截に、秀吉の気持ちをうかがわせる史料があるので紹介したい。いずれも東京国立博物館所蔵にかかる医師竹田法印（定加）宛ての秀吉朱印状である。

▼朱印状A

（読み下し）

時分柄迷惑たるべきといえども、少将所労にてしかじかとこれなく候間、備前へ片時も相急ぎ罷り下るべく候、最前その方薬にて少しく験を得候条申し遣わし候、なお油断

あるべからざる也、
卯刻(うのこく)　十二月廿二日　（秀吉朱印）
竹田法印

（現代語訳）※本文のみ
時分柄難儀をかけるが、「少将（秀家）」が所労で、様子がはかばかしくないので、備前へ少しでも急いで赴くように。以前、その方の薬で（秀家が）回復したのでこのように命ずる。なお万全を期するように。
（【史料11】年未詳十二月二十二日付竹田法印宛羽柴〈豊臣〉秀吉朱印状）

▼朱印状B
（読み下し）
わざと筆を染め候、備前宰相所労に候、その方(ほう)薬にて前々も早速効験(こうけん)を得候間、時分柄大儀たるべきといえども、由(油)断なく直ぐに備前へ下国(げこく)せらるべく候、辛労是非に及ばず候、下着(げちゃく)候て軈(やが)て左右(そう)申さるべく候也、
十二月廿(十カ)一日　（秀吉朱印）

竹田法印

（現代語訳）※本文のみ

一筆申し入れる。「備前宰相」が所労である。その方の薬で前々も早速効果があったので、時分柄面倒をかけるが、万全を期してすぐに備前へ赴くように。苦労の程はいうまでもない。備前に到着したらすぐに様子を報せるように。

【史料12】年未詳十二月二十一日（ないし十一日）付竹田法印宛豊臣秀吉朱印状）

一通目（A）には、治療の対象者が「少将」とのみあるが、備前で病気という情報から「少将」すなわち秀家と導ける。天正十三年（一五八五）十月に従五位下侍従に叙任された秀家は、天正十五年十一月二十二日に正四位下参議に進み、さらに聚楽第行幸直前の天正十六年四月八日、従三位に上げられ公卿に列した（「兼見卿記」、上杉家文書）。その間、秀家は少将、次いで中将も兼ねていたようで、天正十五年正月、九州平定戦の陣立てには「羽柴備前少将」とあり（大阪城天守閣所蔵文書）、翌年四月の聚楽第行幸時に提出した起請文には「参議左近衛中将豊臣秀家」と署名している（「聚楽第行幸記」）。

要するに、侍従叙任の天正十三年十月から同十五年正月以前に少将任官、さらに天正十六

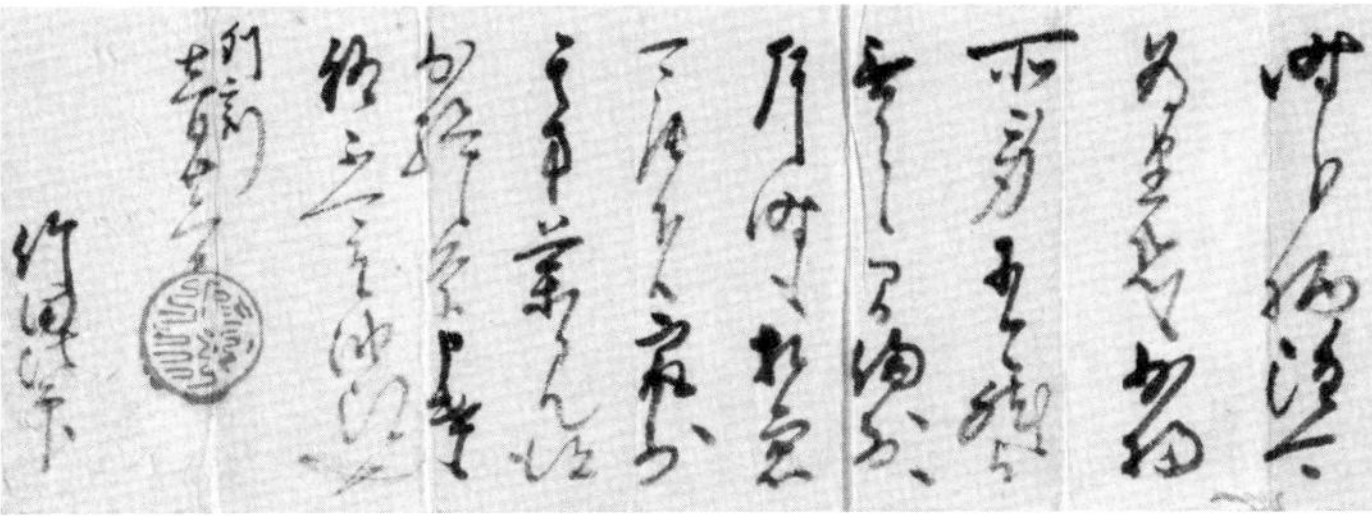

（年未詳）12月22日付竹田法印宛羽柴〈豊臣〉秀吉朱印状（東京国立博物館蔵）

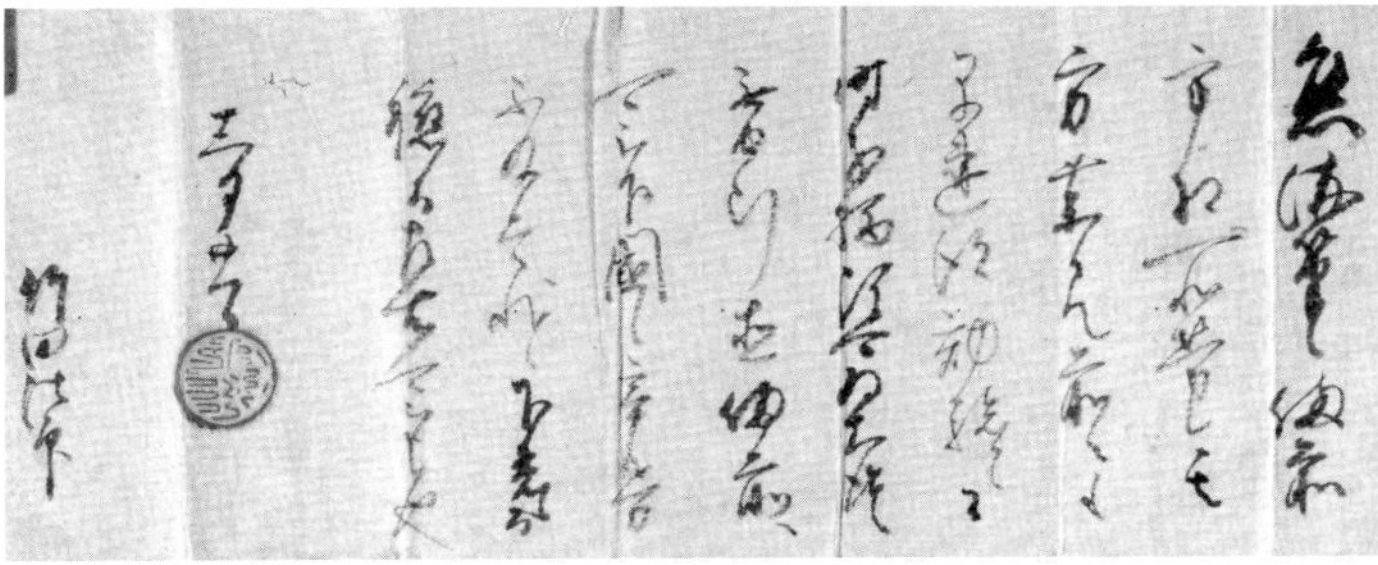

（年未詳）12月21日（ないし11日）付竹田法印宛豊臣秀吉朱印状（東京国立博物館蔵）

年四月以前に中将に進んだと推断できる。また、参議にのぼった天正十五年十一月以降は、もっぱら参議の唐名「宰相」をとって秀家は「備前宰相」と呼ばれた。したがって、「少将」秀家の登場する一通目は、天正十三年か同十四年の十二月に絞り込める。

二通目（B）は文中に「備前宰相」とあるから、参議に任官した天正十五年十一月以降、権中納言に進んだ文禄三年（一五九四）十月以前の発給である。秀家が朝鮮半島に在陣した天正二十年（文禄元年。十二月八日に文禄改元）を除く、天正十五年から文禄二年の間のいずれかの十二月であろう。

八十四歳の長寿を保った秀家には、身体壮健の印象もあるが、引用した史料をみると若い頃は何度となく体調を崩すことがあったらしい。

一通目の時点で、「最前その方薬にて」云々と、以前に竹田法印の診察をうけた形跡があるので、その一回を足して都合三回は名医を呼ぶほどの病気にかかったことになる。ただし、引用した二通は偶然残った史料に過ぎず、しかも天正十二〜十三年頃以降、秀家は基本的に上方にいた［大西二〇一九b］。つまり、秀家が在国という特別な場合に、二度も体調を崩しているのだから、京都・大坂あるいは伏見ではそれ以上に、心身の故障を訴える場面があったとみていい。秀家の身体は、病弱とまではいえないが、頑健ともいわれない。

秀家の身体的特徴はともかく、ここで注視すべきは秀吉の対応である。一通目で「備前へ片時も相急ぎ罷り下るべく候」、二通目でも「直ぐに備前へ下国せらるべく候」と竹田法印をとにかく急かせたうえで、すぐに容態を知らせるようにと（二通目）、心配でたまらなかったらしい。この落ち着きのなさが、そのまま秀家への情愛の深さを語っているように筆者は理解する。

本章のはじめに、秀吉は気まぐれ、と述べた。だが、筆者が秀家をめぐる当時の確かな史料を集めて浮かび上がったのは、おそらく大名や武将としての能力とはほとんど無関係に、秀吉が一貫して秀家を引き立て続けたという事実である。竹田法印に宛てた二通の秀吉朱印状も、いかに秀吉が秀家を気にかけていたかを彷彿とさせずにはおかない。

よほど相性もよかったらしい。秀吉が「おさなともだち」と呼んだ前田利家ですら、天正十八年には秀吉との関係が一時的に悪化しているが［大西二〇一九a］、秀家には秀吉の勘気に触れたような事実は一度として確認できない。おもに双方の気性や感情に基づく秀吉・秀家の良好な関係。これが、秀家が「大老」にまで累進した三つ目の理由である。

なお、秀家のかかりつけ医師ともいえる竹田法印は、文禄三年十月二日付で、秀家から備前児島において二百石の領知を宛てがわれている（「竹田家譜」）。

秀吉一族の不運と淘汰

秀家累進の四つ目の理由、それは秀家の能力や活動とは別次元の問題である。秀吉と血縁関係にある親族大名の多くが消滅、あるいは地位を落とした結果ではないか、というのが筆者の見立てである［以下、大西二〇一〇等］。

天下統一の過程で、秀吉は身内の人間を大名に仕立てていった。実弟の秀長をはじめ、実姉瑞龍院日秀が産んだ三兄弟（秀次・秀勝・秀保）、それから正室北政所の実兄木下家定の息子秀俊（のちの小早川秀秋）がいる。秀吉は養女婿の秀家と同じく、彼らを露骨に贔屓した。しかし、以下に述べる通り、秀俊一人を除き、彼らは老いてゆく秀吉を残して現世を去ってゆく。

まず「大和大納言」こと実弟秀長だが、権大納言昇進は徳川家康と同日、天正十五年（一五八七）八月八日である。大和郡山城（奈良県大和郡山市）にあって大和・紀伊・和泉に七十三万石余という広大な領国を形成して実兄を支えたが、天正十九年正月二十二日に病没した［黒田二〇一六等］。

次いで、秀吉の姉の息子たちである。長子の秀次は天正十三年の四国平定後、近江八幡山（滋賀県近江八幡市）の城主として四十三万石の大領を与えられ、同十五年には権中納言に進み、同十六年の聚楽第行幸時には「清華成」を遂げている。さらに天正十九年八月五日、茶々（淀殿）の生んだ秀吉の実子鶴松が早世すると、秀吉の後継者として白羽の矢が立ち、同年末に権大納言（十一月二十八日任）・内大臣（十二月四日任）、そして関白（十二月二十八日任）に一気に登りつめた［藤田二〇一五等］。だが、文禄四年（一五九五）七月、突如として秀吉の勘気に触れて高野山へ追放され、同地で切腹する（秀次事件）。

秀次事件の時点で、秀次の実弟秀勝・秀保は、いずれもこの世にいなかった。最終的に岐阜城（岐阜県岐阜市）を本拠に約十三万石を領した秀勝は、天正二十年（文禄元年）に始まった第一次朝鮮出兵のため巨済島(唐島)に渡ったが、同年九月九日、同地で戦病死した。享年二十四である。ちなみに、この人物は通称を付して「小吉秀勝」と呼ばれることが多い。「はじめに」で触れた、織田信長の五男にして秀吉の養子に入った羽柴秀勝(次。秀吉らは「於次」、大村由己は「御次丸」と表現する。〔柴二〇一六等〕)と区別するためである。天正十三年十月に早世した信長の五男は、往々「於次秀勝」と呼ばれるが、元服の時期がわからないため、その「次」という自称には、幼名でありながら通称の観がただよう。

三兄弟の末弟秀保は叔父秀長の養子に迎えられ、秀長の没後、その遺領を継承した。そのためであろう、天正二十年正月二十九日、次兄秀勝の参議任官と同日に、より上位の従三位権中納言に叙任されている。だが、三年後の文禄四年四月十六日、次兄と同じく若くして急逝した。享年わずかに十七である。

最後は「小早川秀秋」の方が通りのよい秀俊である。幼少時から「金吾」の呼称をもって秀吉の書状にしばしば登場することや、天正十六年の聚楽第行幸時に、秀吉が諸大名に作成させた起請文の宛先に設定された事実から、秀吉の有力な後継者候補として将来を嘱望されていたと考えられている。従三位権中納言への昇進は、秀保と同日(天正二十年正月二十九日)であった。

だが、この少年は秀吉の後継者候補から脱落する。文禄三年十一月、備後三原(広島県三

岡山城天守（戦前焼失前。著者蔵）

原市）へ下って毛利輝元の娘を娶り、小早川隆景の養子に迎えられた（小早川家文書）。翌年九月には筑前名島（福岡市東区）に赴いて養父隆景の所領（約三十三万石）を継承したが、幼少時の厚遇を思えば、失脚ともいえる立場の変化である。秀次事件に際しては「御意あしく候て」、すなわち秀吉の勘気をこうむって、丹波亀山城（京都府亀岡市）と所領十万石を没収されたという取沙汰すらあった（所三男氏持参文書）。関ヶ原合戦の勝敗がこの人物の寝返りによって決したこと、そのあと宇喜多秀家の旧領のうち備前・美作を与えられ、備前岡山城に入った事実、そして慶長七年（一六〇二）十月十八日に二十一歳の若さで没したことなどは、賢明なる読者には詳述するまでもなかろう。なお、秀秋への改名は慶長二年（一五九七）四月〜七月である［黒田二〇一六］（さらに慶長六年閏十一月〜同七年正月以降は「秀詮（ひであき）」と名乗っている）。

以上の通り、秀吉のおもだった親族大名は、養女婿の秀家を除いて、秀次事件までにことごとく消滅、ないしその地位を落とした。五十二歳没の秀長はともかく、いずれも十代〜二十代の面々が次々に豊臣政権の中枢から姿を消したのである。この間、少なくとも目立った失敗もなく、地位を保ったのは秀家一人であった。

とはいえ、天正二十年前後の時期には、秀勝・秀保・秀俊の成長にともない、彼ら親族大名のなかに秀家は埋没する。第一次朝鮮出兵の開始早々、日本軍は釜山（プサン）から朝鮮の都漢城（ハンソン）（ソウル）に攻め上ってこれを制圧した。天正二十年五月十八日、緒戦の勝利に喜んだ秀吉は、関白秀次に宛てて朝鮮、さらに明国（みんこく）征服後の政権構想を披瀝する（前田育徳会所蔵文書）。秀吉の計画は次の通りである。

○二年後に後陽成天皇を「大唐都（だいとうみやこ）（北京）」へ移し、その周辺の十か国を進上して、公家衆にも知行を与えること。

○「大唐関白」は秀次に任せ、都周辺の百か国を与えること。

○「日本帝位」には、「若宮」皇太子良仁（かたひと）親王（後陽成天皇の第一皇子）か、「八条殿」

八条宮智仁親王（後陽成天皇の同母弟）を就かせること。
○「日本関白」には、秀保か秀家のうち「覚悟次第」いずれかを任じること。
○「高麗（朝鮮）」には秀勝、もしくは秀家を配置し、秀俊は九州に移すこと。

ここに秀吉自身の処遇は語られていないが、同日付で北政所の侍女（「御ひかしさま」「御きやくしんさま」）に宛てた秀吉の祐筆山中長俊の書状によれば、北京を経て寧波へ居所を定める計画であったという（組屋文書）。

秀家はここで日本の関白か、おそらく朝鮮の支配者の地位を約束されたわけだが、これは秀家の厚遇を示すと同時に、筆者のみるところ、一時的な秀家の地位低下を表わしている。聚楽第行幸時には、織田信雄・徳川家康・秀長・秀次に次ぐ地位にあった秀家が、日本の関白は秀勝か秀家、高麗の支配は秀保か秀家、といずれも秀勝・秀保兄弟の後塵を拝するか、それと同等の立ち位置にまで落ちてしまった［大西二〇一九b］。官位においても、この時点の秀家は四年以上にわたって従三位参議に留めおかれ、いちはやく権中納言に進んだ秀保・秀俊に追い抜かれていた。

秀次三兄弟の死と秀俊の失脚がなければ、秀家は以後も彼らの風下に立たされ続けたであろう。秀家が主体的に特段の行動を起こしたわけではない。秀吉一族の枯渇という偶然の結果、秀家の地位は再び浮上し、秀吉の最晩年には「大老」の一角を占めるに至ったのである。

秀家出世の背景

若年の秀家が豊臣政権の屋台骨を背負う一人にまで累進した理由を四点、筆者なりに整理してみた。そこで気づくのは、いずれも秀吉あってこその立身出世という事実である。宇喜多直家・秀家親子に対する秀吉の恩義、樹正院に対する秀吉の愛情、秀吉と秀家との良好な関係、身内を引き立てようとする秀吉の意図――。筆者の見立て通り、「大老」抜擢といった秀家の厚遇が、おもにこの四つの理由に基づくとすれば、その理解の先に豊臣政権の本質がみえてくる。秀吉という人格への依存がはなはだしい。

ここで議論は冒頭の話題に戻ってくる。秀吉はその最期まで豊臣政権の意思を体現し、独裁的に政務万端の決定権を握り続けた。だからこそ、経験や能力に際立った点のない秀家であっても、秀吉という個人との不即不離の関係をもって立身出世を遂げる余地が生じたのではなかろうか。

しかし、豊臣政権の絶対的な人治(じんち)主義、属人性の高さというべき性格は、政局はもちろん政権それ自体の不安定化を必然とする。みずからの死後も実子秀頼を頂く政権の永続を望んだ秀吉にすれば、払拭すべき悪条件であった。

秀次事件後、「御掟（おんおきて）」「御掟追加」を制定して法的基盤の整備にかかり、死の間際に至って五人の「大老」や五人の「奉行」を選抜して、彼らの合議による政権運営を望んだのは、秀吉なりの努力のあとと評価すべきであろう。

と同時に、秀次事件をうけた潮流の変化のなかで、政治的立場を再び高めた秀家の存在には、豊臣政権の特徴が濃縮されている、といっていい。秀家をめぐる議論は、政権の性格を解明する有力な手がかりを与えてくれるだろう。

第二章　二つの集団指導

有力家臣をどのように統制するのか

大名宇喜多氏は武家権力であって、大名当主はいうまでもなく武家である。秀家個人に絞れば、戦場でみずから刀槍を振るう局面はなく、軍勢の指揮に徹したであろうから、武将と呼ぶ方がふさわしいのかもしれない。大名秀家は、為政者であると同時に、軍事をもって世を渡る武家・武将であった。その家臣もまたしかり。

そういう視点に立つと、大名宇喜多氏は、武家である当主秀家のもとに軍事的にまとまった家臣＝武家の集団といえる。家臣を束ねる当主はそのため、軍事的な力量を示さねばならない。ひるがえっていえば、軍事的能力に欠ける当主が現われた場合、この武家の集団はたちまち動揺し、最悪の場合、分解してしまう。戦場での活躍が難しい幼君の出現も、同じく家臣の混乱を招かずにはおかない。

寛永年間（一六二四〜四四）頃までの家中騒動（御家騒動）について、これを「初期御家騒動」と呼ぶ高木昭作氏は次のような素描を試みている。

寛永の頃までの大名の御家騒動は、大名の相続時に幼い当主あるいはその出頭人と、前代の老臣との対立に端を発するか、または老臣間の対立を若い当主が押えられずに絶家に到る、というケースが多い。

（［高木一九七五］一四〇頁）

高木氏は「初期御家騒動」の原因を、大名と有力家臣との関係が「極めて個性的」（一四二頁）であるところに見出した。独自の土地支配を行い、独立した軍団を率いる有力家臣には、若年の当主による統制が行き届かない。結果、家中騒動を招くという見立てである。そこで実例に挙がるのが、近江日野（滋賀県日野町）の小領主をふりだしに、伊勢松坂（三重県松阪市）十二万石を経て会津若松（福島県会津若松市）九十一万石の大々名に出世した蒲生氏郷の後継者たちである。文禄四年（一五九五）二月に四十歳で没した氏郷以降、蒲生氏の当主は秀行が三十歳、忠郷が二十六歳、忠知が三十一歳と三代続けて早世し、世継ぎのなかった忠知の死により蒲生氏は断絶した。ここでは十三歳で家督を継いだ氏郷の息子秀行への言及にとどめるが、高木氏は秀行の身の上を、「氏郷とともに度重なる戦陣の労苦をともにすることで立身して来た歴戦の兵である重臣たちを一つにまとめて行くことは、至難の業であったに相違ない」（一四二頁）と語っている。果たして秀行は、慶長三年（一五九八）正月に至って下野宇都宮（栃木県宇都宮市）に転封のうえ、十八万石に所領を削られた。豊臣秀吉が「家老輩いよいよ私曲顕然（家老たちの不正は歴然）」（毛利家文書）と叱責したように、若い当主のもと有力家臣に対する統制が緩み、さらに彼らが内紛する事態を招いたからであった。

有力家臣をいかに統御するか――。関ヶ原合戦と徳川家康の将軍宣下によって国政の枠組みは大きく変わったが、各地の大名当主と有力家臣との関係は急変しない。統一政権（豊臣政権・江戸幕府）との直接的な関わりや、独自の土地支配に代表される有力家臣の自立・自律性は徐々に削られてゆくとはいえ、その変化は緩やかであり、進展の具合も一律ではない。場合によっては大名当主をも脅かしかねない有力家臣を、いかに忠実に働かせるか、流動的な主従関係をどのように絶対化してゆくかに、中・近世移行期の大名当主は腐心した。その試行錯誤の結果、軍事・行政組織、そして家臣である武家たちの帰属集団として「御家」と概念化される近世大名家が成立する。

つまり、有力家臣から自立・自律性を剝ぎとって、これを大名当主の絶対的な統制下に組み込むことこそ「御家」の確立といえるが、そうした締めつけは何も関ヶ原合戦や徳川家康の将軍宣下を画期にはじまったのではない。蒲生氏のように、豊臣政権下の大名当主も有力家臣の統制には苦労が尽きなかった。

「御家」形成の淵源は、少なくとも豊臣政権の時代までは遡らせてもいい。さらにいえば、高木氏らの提起をうけて、有力家臣を従順に飼い慣らす過程における主従の不和や抗争の表面化として、福田千鶴氏によって改めて定義された「初期御家騒動」という分析概念［福田一九九九］は、豊臣政権の時代にも適用可能ではなかろうか。筆者の理解が正しければ、第三章で考える宇喜多騒動も「初期御家騒動」の一つにカテゴライズできるだろう。すでに森脇崇文氏のそうした指摘もある［森脇二〇一二］。

ともあれ、有力家臣の統制という問題は、本書で扱う豊臣政権の時代と江戸時代初めとを、まとめて地続きの時代と捉えて考えなければならない。では、当時の大名権力は、未熟な当主の誕生、あるいは当主の代替わりに際して、有力家臣をどのように操縦したのであろうか。そして宇喜多氏の場合、直家の死去にともなう幼君秀家の誕生という危機をいかにして乗り切ったのか。

隠居政治という対処法

大名当主の交代を、いかに円滑に混乱なく行うか。一つの方策が、いわゆる隠居政治である。大名当主が余力のある段階で家督を跡継ぎに譲り、後継の当主がそれなりの軍事的・政治的経験を積むまでは、前当主が隠居として現当主を支えるという慣習である。毛利元就（もとなり）・

細川忠興・忠利（ただとし）、前田利長・利常（としつね）（利光（としみつ））、伊達輝宗（てるむね）・政宗、吉統（よしむね）（義統（よしむね））、大友宗麟（おおともそうりん）・隆元（たかもと）など、その実例には事欠かない。織田信長も四十三歳の天正四年（一五七六）、嫡男信忠（のぶただ）に家督を譲っているし、豊臣秀吉も朝鮮出兵に先立つ天正十九年、甥の秀次に関白職を引き継がせた。徳川家康もわずか二年の在職で征夷大将軍から退き、嗣子秀忠（ひでただ）にこれを継承させた。こうした慣習は、十六世紀から十七世紀にかかる国内の武家に広範にみられたらしい。イエズス会のイタリア人宣教師のアレシャンドロ・ヴァリニャーノ（一五三九～一六〇六）は、天正十一年にまとめた報告書のなかで次のように述べている。

すべての領主や貴族は、大いなると小なるにかかわらず、その子息が結婚して十八歳か二十歳に達すると、邸や領地の統治を譲り、自分の為に保留した僅少の財産を持って引退し、助言することによって子息を補佐する習慣がある。

（【史料13】ヴァリニャーノ「日本諸事要録」）

この慣習こそ、隠居政治と呼ぶべき代物であろう。個人的には隠居というと、老齢の人物が生業を廃して引退する、というイメージをもっているが、少なくとも当時のそれは明らかに筆者の先入観をくつがえす。武家や公家の隠居の契機が、当主の老衰ではなく、若い子息の嫁取りと観察されている。譲る側の年齢よりも、譲られる側の年齢・妻帯の有無の方が肝心らしい。当主は余力を残して、うら若い息子に跡を継がせるのである。

ではなぜ、このような慣習が生じたのか。それはヴァリニャーノも述べるように、隠居による当主の後見、に要点があろう。ここで問題にする武家、ことに大名権力の場合、隠居が睨（にら）みを利かせることで、若い当主をないがしろにする有力家臣の勝手な動きを封じ、スムーズな世代交代を実現するためと理解できよう。

隠居政治という政治形態は、経験不足の当主をフォローすると同時に、有力家臣の統制にも効果が見込まれたようである。だが、引き続きヴァリニャーノの証言をみると、隠居政治の効果も限定的だったのでは、と勘繰りたくなる。

> 日本における主従関係ははなはだ放縦で、ヨーロッパにおけるとは異なり、諸領主の支配権なり地位は我等のものと違っているので、彼等の間に裏切りや謀叛が起るのは不思議とするに足りない。
>
> （【史料14】ヴァリニャーノ「日本諸事要録」）

異国人の観察という点を割り引いても、この物騒さはおおよそ実態とみるほかない。家臣団統制の難しさを示す実例を挙げておこう。

九州豊後の大名大友吉統は、第一次朝鮮出兵時の文禄二年（一五九三）正月、朝鮮平壌の小西行長を見捨てて漢城へ退却、秀吉の逆鱗に触れて所領を没収された。その遠因は、当主吉統を有力家臣があなどって軍事的な負担に応じず、家臣団がなかば崩壊していたからにほかならない。文禄三年十月六日、石田三成の家臣安宅秀安は、「彼の家中衆、大友殿をあなどり」、その結果、吉統は戦略を誤り、武士としての面目も失って改易されてしまったと、吉統の失態を同じく九州の大名島津義弘に詳しく報じて注意を促している（島津家文書）。

若くして家督を継いだ吉統は、隠居宗麟の死（天正十五年五月）まで十年以上にわたってこの前当主とともに政務・軍務にあたってきた。にもかかわらず、家臣団統制には完全に失敗していた。大名大友氏自体が、天正六年の日向耳川での敗戦をはじめ、島津氏などの攻勢に押されて勢力を減退させるなかで、吉統は軍事的力量を示す機会に恵まれなかったのであろう。いずれにせよ、あなどられた吉統の能力不足は明らかといっていい。

次いで、やや時期の下る阿波徳島（徳島県徳島市）の大名蜂須賀氏の事例を挙げておこう。関ヶ原合戦のあった慶長五年（一六〇〇）に当主家政（蓬庵）が隠居し、嫡男至鎮が十五歳にして家督を継いだ。政務の実権は隠居の家政が握り続け、以後も有力家臣に掣肘を加える。徐々に当主至鎮が経験を積み、有力家臣を押さえ込む力量を身につけて、スムーズな世代交代が期待された。

しかし、家督継承から十年以上を経た慶長十六～十七年頃に至っても、至鎮の立場はぐらついていた。三宅正浩氏が紹介した至鎮の覚書（蜂須賀家文書）によれば、徳川幕府から命じられる予定の普請(ふしん)助役をめぐって、至鎮は家臣の負担につき家政に相談を持ちかけたが、至鎮の方針には家臣が納得しない、との返答があったという。ゆきづまった至鎮は、家政ないし幕府への領国返上をさえ覚悟したらしい。三宅氏はこの史料から「至鎮が家中に対する役の賦課を強制することができず」「蓬庵を通して家中の同意を得ようとし」たが、「家中が役の負担を拒否した」事実を読み取って、「若い至鎮」が家臣団統制の局面では依然、隠居家政の影響力に頼らざるを得ない状況があったとみた（[三宅二〇一四] 七五～七六頁）。隠居政治には、長年にわたって隠居が権力を振るうことで、現当主の成長を阻害する側面もあったといえる。

直家死後の大名宇喜多氏の意思決定

そろそろ、宇喜多氏に話題を移さねばならない。家臣団統制をどのように図ったのか――。秀家の家督継承は直家の死によるから、隠居政治の適用は不可能である。しかも、秀家は家督を継いだ天正十年（一五八二）の時点で、わずか十一歳に過ぎない。毛利氏の攻勢に加え、大名当主の交代、さらに新当主が幼少という悪条件が重なり、当時の大名宇喜多氏はまさに危機的状況にあった。

宇喜多氏はそこで有力家臣による集団指導という対処法を選択した。天正七年以来、宇喜多氏と共同戦線を張り続ける羽柴秀吉も統制役としてこの体制に加わったらしい。つまり、秀吉が宇喜多氏の有力家臣と直接の関係を結んで彼らを押さえ、彼らは集団で衆議を尽くして幼君秀家を支える、という構図である。以上の私見は、すでに前著のなかで詳しく検討したが、改めてポイントを整理し直しておく［大西二〇一九b］。

この問題を具体的に初めて指摘したのは森俊弘氏である［森二〇〇三］。森氏は次の二つの史料から、天正十年頃の大名宇喜多氏の意思決定権は、有力家臣が握っていたのではないか、と考えた。一つ目の史料は、天正十年と推定される三月四日付の秀吉書状である（岡本文書）。軍船や軍勢の備前派遣が、秀家ではなく、五人の有力家臣に宛てて通達されている。

（読み下し）

その表の様子、桑原次右衛門尉帰られ候て承り届け候、先ずもってもっともに候、驚（警）固舟の事、あわぢ（淡路）舟・くき（九鬼）舟警固舟、その上当国の諸浦の舟どもの事は申すに及ばず、ことごとくもって申し付け候、人数の事も先ず堺目まで、八幡も御照覧候へ、出すべく候、その上注進次第自身出馬すべく候、切々承るべく候、油断についてかくの如くの仕合わせに候、その意を得らるべく候、恐々謹言、

三月四日　　羽筑　秀吉（花押）

明飛殿
一郎兵殿
平右殿
又左殿
平内殿
御宿所

（現代語訳）※本文のみ

その方面（備前か）の様子は、こちらへ桑原次右衛門尉が帰って来て（復命したので）承知した。ともかくも当然のことであろう。警固舟（水軍）のこと、淡路の船・九鬼嘉隆の舟、そして当国（播磨）の浦々の舟ももちろん、すべて（そちらへ向かうよう）申し付けた。軍勢もまずは「堺目」（播磨・備前国境か）へ派遣する。八幡神もご照覧された

い（八幡神に誓って、以上のことに偽りはない）。さらに注進があり次第、秀吉自身、出馬するであろう。頻繁に報告を上げてほしい。（秀吉、ないし宇喜多氏が）油断したため、こうした事態に陥ってしまった。以上、心得ておくように。恐々謹言。

（【史料15】〔天正十年〕三月四日付明石行雄ほか宛羽柴秀吉書状）

宛所の「明飛」は明石行雄（飛驒守）、「一郎兵」は宇垣宗寿（一郎兵衛入道）、「平右」は富川秀安（平右衛門尉）、「又左」は長船貞親（又左衛門尉）、「平内」は岡家利（平内）である。このうち富川・長船・岡は先代直家を援けた股肱の老臣として、後世「三人家老」（「浦上宇喜多両家記」）などと呼ばれた。

森氏が挙げる二つ目の史料は、戦場での武功を賞する感状が、秀家ではなく「家老」から発給されたとする美作の地侍牧左馬助の覚書である（「直家死去につき、感状は家老より給い候事」。なお、［大西二〇一九b］三六頁ではこの感状を天正十年正月九日付と記したが、これは「備前軍記」が唱える直家死去の公表日であって感状の発給日ではない。ここに訂正する）。以上から、「直家没後の宇喜多家が家老衆の合議で運営されていた状況を窺わせ」（七三頁）云々と森氏は見通した。

森氏の検討はここまでである。天正十年時点と限定をつけたうえで、宇喜多氏の意思決定が秀家でなく、有力家臣に担われていた状況が推測できるに過ぎない。秀吉との個別具体的な連携や感状の発給は、直家の死去という混乱に対処するための一時的措置であった可能性もあろう。有力家臣による集団指導が体制として機能していたことを裏づけるには、なお確かな史料による根拠を加えなければならない。集団指導が存在したとして、それが天正十年以後いつまで存在したのかも見極める必要があろう。

森氏に次いで、集団指導に言及した論者に光成準治氏がある。光成氏は、右に引用した秀吉の書状（岡本文書）と、四人の有力家臣による連署状（金山寺文書。後掲〈表4〉No.8）という二つの史料に共通する長船・富川・岡・宇垣の四人が「直家死後の宇喜多氏領国全体の政務を掌る行政機構において実質的な最高意思決定機能を担った」（［光成二〇〇九］一九四頁）と指摘した。ただし、二つの史料の共通点、つまり四人の有力家臣に注目するだけで、特に史料の内容を吟味するわけでもないので、なぜそういう結論に至るのか明確でない。さらに光成氏は長船・富川・岡による集団指導が文禄四年（一五九五）頃まで続いたともいうが（一九五頁）、こちらも具体的な論拠は示されていない。

光成氏はまた、この集団指導が直家生前に遡ることを示唆する。直家が亡ぼした「浦上宗景家中の権力構造」が「国人領主連合の域」にあって、宗景に従う在地領主による「意思決定機関」が存在したことを前提に、それが宇喜多氏にも引き継がれたという（［光成二〇〇九〕一九三頁)。だが、よしんば浦上氏の意思決定が有力家臣の衆議によったにせよ、それを宇喜多氏が継承した史料的根拠は皆無である。さらに直家生前の集団指導を立証する史料も管見に触れないし、光成氏も一切根拠を挙げず、検討も行わない。

大名宇喜多氏の集団指導を窺わせる痕跡は、目下のところ後掲の〈表4〉の通り、直家の死後になって初めて出現する。光成氏の仮説は確かに魅力的だが、史料的根拠が示されない以上、こうした印象批評に従うことはできまい。

森脇崇文氏も、岡・長船・富川三氏が秀家幼少期における大名宇喜多氏の運営主体であったと見通した。主たる論拠は右に引用した秀吉書状と天正十四年極月十九日付の富川秀安・長船貞親連署状(水原岩太郎氏所蔵文書)である〔森脇二〇一一〕。後者の史料によれば、確かに岡・長船・富川三氏の権限の強さはうかがえるが、それ以前(天正十~十三年)の実態は不透明である。集団指導説の立証には、彼らの権限の強さ以外の視角も欲しい。要するに、秀家が行うべき意思決定を彼らが「集団」で代行した史料的根拠を、なお提示すべきであろう。

したがって、集団指導の問題は、残存史料をもう少し子細に検討して主張する必要がある。

秀吉から秀家への書状四通

家督を継いだ秀家を複数の有力家臣が補佐した、という言説は、あやふやに見通された予断に過ぎなかった。確かな史料による実証作業が不充分であったといえる。そこで、筆者はさらに関係史料を集めて分析した結果、直家の死後、少なくとも三〜四年間の大名宇喜多氏は、その有力家臣の集団指導によって運営されたと結論した。筆者が特に重視した典拠史料は〈表4〉の通り。羽柴＝豊臣秀吉の書状・朱印状七通と、宇喜多氏の有力家臣による連署状一通である。そのほか傍証たり得るイエズス会宣教師の記録については後述する。

〈表4〉に挙げた秀吉の書状・朱印状を読んでゆくと、次のことに筆者は気がついた。すなわち秀吉は、自身の行動や周辺の戦況を報せる程度の場合には「八郎」秀家宛に書状をしたためる一方、具体的な軍事問題に対処する場合には、秀家の叔父忠家や、明石行雄・富川秀安・長船貞親・岡家利ら複数の有力家臣を対象にしている。

秀吉が幼少の秀家個人に宛てた書状・朱印状は、〈表4〉のNo.2〜4とNo.6の四通が確認できる。

No.2の一通目は、秀家が送った書状に対する返信である。随分長い書状だが、秀家からの

史料本文（原文）	典拠
其表之様子、桑原次右衛門尉被帰候て承届候、先以尤候、驚（警）固舟之事、あハち（淡路）舟・くき（九鬼）舟警固舟、其上当国之諸浦之舟共之事ハ不及申、悉以申付候、人数之事も先堺目迄、八幡も御照覧候へ、可出候、其上注進次第自身可出馬候、切々可承候、油断ニ付而如此之仕合ニ候、可被得其意候、恐々謹言、	岡本文書
十二日之御状、今日十七日令披見候、 一、三介殿（織田信雄）為御迎、去九日令出張候、路次中城々始、勢田之城・安土・江州之内山崎ニ人数入置、十一日ニ至佐和山令着城候事、 一、江州北郡表人数打出、長浜之儀、既可取詰与存候処ニ、柴田かた§何様ニも此方次第之由候て、金森五郎八・中村掃部差上候、向後別儀有間敷為請乞、柴田伊賀人質出候間、不及是非、横山之城を相拵、人数丈夫ニ入置候、并佐和山ニ小一郎入置候、濃州へ罷通候事、 一、一昨日十六日、濃州大垣之城へ我等令着城候、稲葉伊与父子実子人質請取、其外西美濃衆悉罷出、人質等出之候、其上城々へ人数入置、一篇ニ申付候事、 一、三七殿（織田信孝）之儀、今度無御届御覚悟ニ付而、岐阜一国一城之事候、是も唯今侘言半之儀候へ共、不能許容候、但加遠慮可申も不存候事、 一、如此寒天之刻、年之際とも不申相働候ハ、西国之表裏者、春ニ成候て為可令成敗、国々之儀堅申付候事、 一、右之分ニ隙明候間、近日三介殿至安土御供申、頓至姫路可令帰国候、 一、西表相替儀無之旨、可為其分候、猶期後音候、恐々謹言、	小早川家文書
東表出馬付而、早々御状并花房又七郎（秀成）被懸御意候、祝着之至候、仍江北長浜之儀、柴田伊賀宿老共人質七人迄出之、相澄候之間、直ニ越州へ可押込処、雪深候条、無是非候、岐阜儀三七殿（織田信孝）無御別儀、何様ニも我等次第と候之間、入念相堅候、滝川不届子細候間、北伊勢へ相働、成敗申付候、月相ニ者可明隙候間、頓而可令開陣候条可御心安候、尚其節可申承候、恐々謹言、	長浜城歴史博物館所蔵文書
一筆令啓候、仍去廿一日、江北至柳瀬表、両三ケ度及合戦切崩、五千余討捕候、柴田修理亮（勝家）馬乗四五騎にて、越州北庄居城へ北入候之処を、即追詰、天主土井際迄責込候之処、柴修天主へ火をかけ相果候、将亦賀州・能登・越中手置并越後長尾人質等為可相卜、明日廿六越中際かなか崎ニ至て相越候、彼表早速隙明、可令帰陣候間、万々期其節候、恐々謹言、	小早川家文書

〈表４〉集団指導をうかがわせる史料一覧

No.	年月日	史料名	差出	宛所・脇付
1	（天正10）3/4	羽柴秀吉書状	羽筑秀吉（花押）	明飛殿（明石行雄）／一郎兵殿（宇垣宗寿）／平右殿（富川秀安）／又左殿（長船貞親）／平内殿（岡家利）御宿所
2	（天正10）12/18	羽柴秀吉書状	秀吉（花押）	八郎殿（秀家）御返報
3	（天正11）2/9	羽柴秀吉書状	筑前守秀吉（花押）	八郎殿（秀家）御返報
4	（天正11）卯/25	羽柴秀吉書状	筑前守秀吉（花押）	八郎殿（秀家）御宿所

史料本文（原文）	典拠
去九日書状、今日到来、令披見候、 一、其元之儀、一書旨得心候、渡候城々請取候分、人数・兵粮已下丈夫入置候て、両人儀ハ早々可被罷上候事、 一、西国へ之一札事、書中旨可然候事、 一、尾州表喧嘩之様成、不思儀之儀出来候、然間至北伊勢表人数遣候、我々事も今日坂本まて出馬候事、 一、其元之人数壱人も無用に候者、八郎家中之者共ニ可申聞候、自然鉄炮放なとハよひこし可申候間、内々其分可被申候、尚以其元儀入念被申付、先々可被上候、不可有由断候、恐々謹言、	黒田家文書
為御見舞御状令披閲候、仍此面儀、城々責果、又竹鼻取巻、付城無透間申付候条、急与可為落居候間、不可有気遣候、尚爰元様子、花房又七（秀成）可申候、恐々謹言、	藤田文書
来十六日至四国出勢事、不可有由断候、令渡海候て、敵を少もやしミ不申、各不日一所野陣尤候、自然人数入事候者、追々遣之、其上ニ可出馬候、成其意、無越度様ニ調儀専一候、此度八郎名誉取候様ニ可相嗜候、猶尾藤甚右衛門尉・戸田三郎四郎可申候也、	太陽コレクション所蔵文書
尚々、御検使衆妳之儀ハ可被仰付候、以上、 御寺無狼藉様ニと存、御検使申請致進上候、竹木之儀者可有御切せ候、恐惶謹言、	金山寺文書

No.	年月日	史料名	差出	宛所・脇付
5	（天正12）3/11	羽柴秀吉書状	筑前守秀吉（花押）	蜂須賀彦右衛門尉殿（正勝）／黒田官兵衛殿（孝高）
6	（天正12）5/12	羽柴秀吉朱印状	筑前守秀吉（朱印）	八郎殿（秀家）御返報
7	（天正13）6/8	羽柴秀吉朱印状	秀吉（朱印）	宇喜多七郎兵衛入道殿（忠家）／岡平内殿（家利）／長船又左衛門尉殿（貞親）／富川平右衛門尉殿（秀安）／明石飛驒守殿（行雄）
8	（天正14～16以前）卯/10	長船貞親他連書状	宇又左貞親（花押）（長船貞親）／富平右秀安（花押）／岡平家利（花押）／宇一入宗寿（花押）	金山寺まいる人々

来信に関する言及は、冒頭の「十二日の御状、今日十七日披見せしめ候（十二日付の書状を今日十七日に拝見した）」、それから最後の「西表相替わる儀これなき旨、その分たるべく候（西国は特に変わった様子がないとのこと、それはそうであろう〔それでいい〕）」といった部分にとどまる。秀家の書状はそういう簡単な情勢が記される程度であったとみていい。

それ以外の箇所では、秀吉陣営と柴田勝家陣営との抗争に関して、近江や美濃での戦況が詳しく記される。注意すべきは、翌春には「西国の表裏者」を成敗するため、「国々の儀、堅く申し付け候事」との文言であろう。勝家に通じた毛利氏への警戒を念頭において、宇喜多氏領国でも戦備を怠らないように、と秀吉は述べている。だが、「国々の儀……」という指示は極めて抽象的で具体性を欠く。

次いでNo.3の二通目でも、秀吉は勝家陣営との抗争をめぐる近江や伊勢の状況を報せている。これから伊勢の滝川一益を攻めるが「月相には隙明くべく候間……」、今月末から来月初めには片づくであろうから心配無用、という情報連携に過ぎない。

ちなみに、No.3はNo.2と同じく秀家に対する返書であるが、冒頭の一文に「東表出馬に付いて、早々御状ならびに花房又七郎（秀成）御意に懸けられ候、祝着の至りに候」とある（長浜城歴史博物館所蔵文書）。東方への秀吉出馬について、早々に書状をいただき、そして花房秀成にも配慮いただき誠に喜ばしい、という意味である。後年、花房秀成は秀家の有力家臣になるが、この頃までは秀吉の家臣、ないし秀吉・秀家に両属する存在であった［大西二〇一二a］。№3を読み解く限りでは、花房は秀吉・秀家間の情報連絡に従事していて、特に秀家が「御意に懸けられ」、すなわち花房に何らかの配慮を加えたようであるから、当時は秀吉の家臣とみるのが穏当であろうか。

№4の三通目は戦勝報告である。秀吉は賤ケ岳での戦勝（四月二十一日）に続き、越前北庄城（福井県福井市）を攻め落として柴田勝家を自害に追い込み、加賀まで進出した。一方的な報知に過ぎず、秀家に対する指示はない。

№6の四通目もやはり情勢報告である。秀吉は小牧・長久手の合戦のため東海地方に在陣し、織田信雄・徳川家康の軍勢と対峙していた。冒頭に「御見舞として御状、披閲（ひえつ）せしめ候」とあるように、№6は秀家が寄越した陣中見舞いの書状に対する返信である。包囲している尾張竹鼻（たけはな）城（岐阜県羽島市）がほどなく落ちるだろう、との近況を報せたもので、ここでも秀家に特段の要求はない。最後に「なお、ここもとの様子、花房又七（秀成）申すべく候」とあるから、戦局の詳細が花房の口頭か、その書面によって秀家に伝えられたとみられる。この一文からしても、花房は秀吉の家臣といえる。実名「秀成」の「秀」の字は「主君」秀吉から賜ったのかもしれない。

以上、秀吉から秀家への書状・朱印状の内容は、ほとんどが情報連携に過ぎなかった。さらにいえば、四通のうち三通が秀家の書状に対する返書ながら、秀家もまた、特別重要な情報を報せたわけでもなさそうである。

秀吉から秀家の有力家臣への指示

次いで、秀吉が宇喜多氏の有力家臣に宛てた書面をみていく。結論からいえば、秀吉が彼らを相手にするのは、大名宇喜多氏に何らかの具体的な行動を求める場合、ないし彼らから大名宇喜多氏の意思として、何がしか具体的な対応を求められる場合であった。

さきに引用した〈表4〉No.1の一通目は、水陸の軍勢を派遣し、秀吉自身も出馬するという内容である。冒頭の文句「その表の様子、桑原次右衛門尉帰られ候て承り届け候」によれば、秀吉の指示は、宛所の面々、明石行雄らの要請に基づくと推測できる。明石らが桑原を介して救援を求め、これを受諾した秀吉が軍勢派遣などに踏み切ったのであろう。「切々承るべく候」といった文言もそうだが、秀家宛の四通に比べて随分と個別具体的な内容である。ともかく有力家臣による戦況報告・救援要請に対し、秀吉が具体的行動をもって応えた事実がここから浮かび上がる。秀家宛の四通との違いは明らかであろう。

No.7の二通目は、天正十三年（一五八五）六月八日、四国の長宗我部元親（ちょうそかべもとちか）との合戦、すなわち四国平定戦を控えての秀吉朱印状である。

（読み下し）

来たる十六日、四国に至って出勢の事、由（油）断あるべからず候、渡海せしめ候て、敵を少しもやしみ申さず、おのおの不日一所に野陣もっともに候、自然人数入る事候わば、追々これを遣わし、その上に出馬すべく候、その意を成し、越度なき様に調儀専一に候、この度八郎名誉取り候様に相嗜むべく候、

（現代語訳）

来たる六月十六日、四国へ軍勢を進める。油断のないように。（軍勢を）渡海させ、敵を少しもあなどることなく、各位すぐに一か所に集まって野営すること。もし、軍勢がさらに必要なら追々派遣する。そのうえで（秀吉自身）出馬するであろう。以上を心得て、落ち度のないよう軍略を練るように。この合戦で「八郎」秀家が名誉の手柄を挙げられるように補佐すること。

（【史料16】〔天正十三年〕六月八日付宇喜多忠家ほか宛羽柴秀吉朱印状）

こちらも具体的な指示である。具体的な日程や軍勢の動かし方に注文が入り、さらに秀家に手柄を立てさせるべく、わざわざ念を押している。宇喜多氏が危急存亡の秋にあった№1に比べれば調子こそ柔らかいが、内容の個別具体性は変わらない。

そして№5の三通目では、間接的に宇喜多氏の有力家臣に指示を与えている。宛所の蜂須賀正勝（彦右衛門尉）・黒田孝高（官兵衛）は、周知のように、いずれも秀吉の幕僚である。天正十二年三月、小牧・長久手の戦いが始まる直前、秀吉は尾張方面の情勢不穏をうけて近江坂本（滋賀県大津市）まで行軍していた（「兼見卿記」）。当時、蜂須賀正勝・黒田孝高は、例の「中国国分」、毛利氏との国境画定交渉のため、備前、おそらくは岡山にいる。

（読み下し）

そこもとの人数、壱人も無用に候わば、八郎家中の者どもに申し聞かすべく候、自然鉄炮放ちなどはよびこし申すべく候間、内々その分申さるべく候、なおもってそこもとの儀、念を入れ申し付けられ、まずまず上らるべく候、由（油）断あるべからず候、

（現代語訳）

そこもと（備前）の軍勢は、（東海地方の戦場には）一人も無用であるから、「八郎家中の

者ども」に申し聞かせるように。鉄炮放ちなどは呼び寄せる可能性があるから、内々に伝えおかれたい。そこもとのこと（防備）を入念に命じて早急に（蜂須賀・黒田は）上方へ戻るように。油断のないようにすること。

（【史料17】〔天正十二年〕三月十一日付蜂須賀正勝・黒田孝高宛羽柴秀吉書状）

間接的であるが、宇喜多氏の有力家臣を指すと思しき「八郎家中の者ども」へ、黒田・蜂須賀を介して派兵の不必要、場合によっては、鉄炮放ちを加勢として求めることを伝達している。ここでも、軍事的な用件が（秀家やその特定の家臣個人ではなく）「八郎家中の者ども」に指示された事実に留意されたい。なお、冒頭の一文を「中国方面では、軍勢が一人もいらない」〔渡邊二〇一二〕一八一頁、〔渡邊二〇一九〕二〇〇頁）云々と語釈する向きもあるが、それでは後続の文言とはなはだしく矛盾を来すので、明らかな誤読というべきであろう。

以上三点の史料から、秀吉が大名宇喜多氏に対して具体的な行動を求める場合、ないし大名宇喜多氏から具体的な行動を求められる場合には、当主秀家ではなく、その複数の有力家臣を相手にしていたことが明らかにできる。こうした分析から筆者は、この時期、当主秀家が行うべき大名宇喜多氏の意思決定が、複数の有力家臣によって代行されていたと考えた。集団指導による運営である。

集団指導の終期

宇喜多直家の死を画期に立ち上がったらしき大名宇喜多氏の集団指導は、いつごろまで確認できるのか。以上の検討から、天正十三年（一五八五）六月、四国平定戦の時期までは、そういう仕組みを想定できそうである。

イエズス会宣教師の記録をたぐると、さらに終期は降る。天正十四年、大名宇喜多氏は、イエズス会に対し、領国内におけるキリスト教の布教、岡山における聖堂・修道院建設の許可を与えた。宣教師ルイス・フロイスの書簡からその経緯をたどる。この年三月、日本における布教責任者（副管区長（ふくかんくちょう））ガスパル・コエリョが、通訳のフロイスらを従えて大坂城（大阪市中央区）に登り、関白秀吉に謁見、布教の許可などを願い出た。幸い秀吉から布教を許すとの特許状を得たコエリョ一行は、泉州堺（大阪府堺市）から九州の豊後に戻るのだが、帰途につく直前、宇喜多氏領国での布教などが許されたという。キリスト教に好意を示す秀家の「二人の重立った補佐役」が秀家に働きかけた結果であった。留意すべきはフロイスによる次の証言である。「国主（秀家）が十三、四歳（実際には十五歳）だったので、それらの国を彼らが治めていた」、すなわち二人の有力家臣が、当主秀家に代わって領国の統治を行っていた、とフロイスは述べている（『十六・七世紀イエズス会日本報告集』三―七・一三六頁）。この書簡の脱稿は西暦一五八六年十月十七日（和暦では天正十四年九月五日）、つまり集団指導が天正十四年の秋頃までは機能していた形跡がある。

不法者の狼藉から守るために、備前金山寺（きんざんじ）（岡山市北区）への検使派遣を伝える、四人の有力家臣による連署状（〈表4〉No.8）も、彼らの名乗りからいって天正十四～十六年以前の発給であろう（金山寺文書）。「宇又左貞親」は、一時「宇喜多」名字を名乗っていたらしき長船貞親、「富平右秀安」は富川秀安、「岡平家利」は岡家利だが、筆者の推定では早ければ天正十四年、遅くとも天正十六年までの間に、長船は越中守（えっちゅうのかみ）、富川は肥後守（ひごのかみ）、岡は豊前守（ぶぜんのかみ）に叙任されて自署を改める［大西二〇一〇・二〇一九b］。

この金山寺への通達には、秀家の意向あるいは命令の存在を示す文言がみられない。とすれば、伝達内容は長船・富川・岡に宇垣宗寿を加えた四人の合議の結果といっていい。大名当主権限の代行・集団指導の痕跡がここに見出せよう。慎重に結論すれば、このシステムの実働終期は天正十四年前後となる。

豊臣「大老」制の成立

さて、賢明なる読者はすでにお気づきであろう。晩年の秀吉が構想した豊臣政権の運営体制も、直家死後の大名宇喜多氏と同じく集団指導であった。いわゆる五人の豊臣「大老」がここに創出される。秀吉は遠からざる自身の死を予感して、幼少の嗣子秀頼のために、秀家の場合と同じ手法を選択した。あるいは宇喜多氏における集団指導の実績が、秀吉の念頭にあったのかもしれない。ここからは、しばらく「大老」徳川家康・前田利家・宇喜多秀家・上杉景勝・毛利輝元による集団指導、いわゆる「大老」制について考えてみたい。

「大老」制は、慶長三年（一五九八）七月頃、伏見（ふしみ）城における秀吉の逝去（同年八月十八日）直前の成立である［桑田一九七五、堀越二〇一六、跡部二〇一六］。具体的確実な根拠の一つが、八月五日付の秀吉遺言状である（写本。毛利家文書）。ここで秀頼の行く末を託された宛所の五人「いへやす（徳川家康）」「ちくせん（前田利家）」「てるもと（毛利輝元）」「かけかつ（上杉景勝）」「秀いへ（秀家）」が、文中で一括して把握される「五人のしゆ（衆）」とみなせることから、八月五日時点での「大老」制の存在が想定できる。同じくこの遺言に登場する「五人の物」は、石田三成ら五人の「奉行」であろう。

より明確に「大老」制の存在を語るのが、たとえば、慶長三年八月二十八日付で「奉行」

前田玄以(げんい)らに提出された毛利輝元の起請文である。その一節をみられたい。

豊臣秀頼像（養源院蔵）

（読み下し）

もし今度御定(おさだ)めなされ候(そうろう)五人の奉行のうち、何れも秀頼様へ逆心にはあらず候とも、心々に候て、増右（増田長盛）・石治（石田三成）・徳善（前田玄以）・長大（名束正家）と心ちがい申すやからあらば、吾(われ)らにおいては右四人衆と申し談じ、秀頼様へ御奉公の事、

（現代語訳）

もし今度（秀吉が）お定めになられた「五人の奉行」のなかに、秀頼様への逆心でなくとも、思い思い勝手に行動して、増田長盛・石田三成・前田玄以・長束正家(なつかまさいえ)と意見不一致の者がいれば、我ら（毛利輝元）は、右の「四人衆」と相談して、秀頼様へ奉公を尽くすこと。

（【史料18】慶長三年八月二十八日付増田長盛・石

田三成・長束正家・前田玄以宛毛利輝元起請文前書案）

ここでいう「四人衆」は、増田長盛・石田三成・前田玄以・長束正家のいわゆる「奉行」の面々とすぐにわかる。とすれば、「今度御定めなされ候五人の奉行」は「奉行」ではなく、「大老」と考えるほかない。阿部勝則氏や堀越祐一氏が論証したように、有名な五大老・五奉行は当時の呼称ではなく、後世の史料にのみ登場する［阿部一九八九、堀越二〇一六］。秀吉の「五人のしゆ」「五人の物」という表現を除けば、彼らの呼称は当時、五大老は「奉行」、五奉行は「年寄」ないし「奉行」であった。ただし、五大老・五奉行ともに「奉行」と表現されるケースもあって、しごくややこしいので、本書では五大老を「大老」、五奉行を「奉行」という用語に統一している。

石田三成像（東京大学史料編纂所所蔵模写）

念のため補足しておくが、この史料は、秀吉の死去前後に「大老」らが提出した起請文の一通で、政権＝秀頼への忠誠を誓うのが目的である。私的徒党を組むためではないので、大名相互の起請文交換を禁じた「御掟」には抵触しない。家康や利家・秀家らも五「奉行」を宛所にして同趣旨の誓いを立てている点（「慶長三年誓紙前書」）、同年七月十五日付で家康・利家に宛てた起請文（前書）と一緒に書き留められている点からも明瞭だが、この史料によって毛利輝元が四「奉行」と私的な盟約を結んだわけではない。彼らは便宜上、政権組織の一部としての「奉行」たちを、おそらく相互監視の意図もあって宛所に設定したのである。

ともあれ、「大老」「奉行」の成立時期は、引用した秀吉遺言状の八月五日以前、秀吉がいよいよ最期を覚悟した七月頃とさしあたりみておきたい。七月十五日、秀吉は諸大名に形見分けを行い、あわせて彼らから徳川家康・前田利家両名に宛てた起請文を徴収している（「西笑和尚文案」「慶長三年誓紙前書」）。秀頼への忠誠や法度・置目の遵守などを諸大名が誓った七月十五日前後を、「大老」制の成立時期とみるのが現段階ではもっとも穏当であろう。家康に近侍した医師板坂卜斎も同年七月と明記して、「五人の御家老・五人の奉行」、すなわち「大老」「奉行」が定められたと証言する（「慶長年中卜斎記」）。

「大老」の選抜

ただし、「大老」の顔ぶれは、秀吉逝去の三年前、例の秀次事件の直後にはすでに固まっていた。文禄四年（一五九五）七月、秀吉の有力な後継者であった関白秀次の死は、京都吉田社（京都市左京区）の神官吉田兼見による「諸大名恐怖云々」（『兼見卿記』）という表現が端的に象徴するように、豊臣政権を未曽有の混乱に陥れた。

善後策は大きく二点。一つ目は、諸大名から起請文を徴収して、秀吉唯一の後継者に絞られた秀頼への忠誠や、秀吉の制定する法度・置目の遵守を誓わせること。二つ目は「御掟」「御掟追加」の制定である。武家を対象とする「御掟」では、大名間の縁組や起請文の交換・喧嘩口論の制限などを、「御掟追加」では、公家・寺社にも対象を広げて「公儀」への奉公や、年貢収納の方針などを明文化した（筆者はかつて「御掟」の内容につき、「秀吉への服従」云々と述べたが、条文中にそうした規定はない［大西二〇一九a・b］。上記の通り訂正する）。全支配階級を統制する「御掟」「御掟追加」は、いうなれば豊臣政権の基本法であり、そして「殆ど唯一の体系的な法令」（一五〇頁）でもあった［三鬼二〇一二］。

後年の「大老」はこの二点の善後策に深く関係した。特にわかりやすいのは、八月三日付の「御掟」「御掟追加」である。「御掟」には徳川家康・宇喜多秀家・前田利家・毛利輝元・小早川隆景の五人が、「御掟追加」には家康・秀家・上杉景勝・利家・輝元・隆景の六人がこの順番で署判を据えた（浅野家文書。「御掟」には大阪城天守閣所蔵本など、景勝の署判を確認できる史料も存在するが、本書では煩瑣を避け、さしあたり浅野家文書に拠って議論を進める）。慶長二年（一五九七）六月に没した小早川隆景を除くと、この面々は「大老」の構成員とまったく一致する。そこで文禄四年八月をもって「大老」制が成立した、あるいは、その原初形態が固まったという理解が可能になる。

「御掟追加」の第六条には、直訴案件の届出および対処を扱う人々を指して「十人衆」という文言が登場する。朝尾直弘氏は労作「豊臣政権論」（初出一九六三年）のなかで、「ここには「十人衆」（五奉行・五大老）が法制化されており……」（［朝尾二〇〇四a］一一三頁）云々と述べて、文禄四年時点での「大老」（および「奉行」）制の成立を説いた。高等学校の日本史教科書や同じく日本史の副読本などが小早川隆景を含めて「大老」を説明し、文禄四年における「大老」制成立説をほのめかすのは、おそらくこうした理解に基づく。

だが、「十人衆」は「大老」「奉行」ではない。「御掟追加」の連署者は六人だから、ここにのちの「奉行」五人を足すと「十一人衆」になってしまう。三鬼清一郎氏が指摘した通り、「十人衆」は富田一白ら訴訟実務にたけた、のちの「奉行」の面々とも重複しない人々であった可能性が高い（守矢文書）［三鬼二〇一二］。また、「御掟追加」第六条の規定には、「十人衆」が取り扱う直訴案件は、それ自体が「各別の儀（例外事例）」だから「この六人」へ伝えて談合し、必要に応じて秀吉に言上すること、とある。「十人衆」とは別の「この六人」こそ、明らかに「御掟追加」の連署者六人（のちの「大老」＋小早川隆景）である。

よって「大老」（および「奉行」）制の成立は秀吉の最晩年、という前述の見方に落ち着く。

「御掟」「御掟追加」への署判は、「彼らが政権下における最有力大名であることを秀吉から認められたことを意味する」が、それ以上には評価できまい（［堀越二〇一六］一一九頁）。確かに、「大老」の面々が連署したり、そろって史料上に現われる事例は、「御掟」「御掟追加」を例外として、秀次事件から秀吉の死去間際までの三年間に一例も見出せない。この面々が実際に国政を具体的に司ったという事実もない。

秀吉は豊臣政権の実権を手放さなかった。その最期の時に至るまで独裁者であり続けた。だが、秀次事件直後の秀吉が、徳川家康らの六大名をのちの「大老」のように組織化しようと目論んだ可能性はないのだろうか。

二つの疑問

武家「清華家」の創出や、徳川家康ら六大名が文禄四年（一五九五）八月の「御掟」「御掟追加」へ署判した出来事については、「五大老制に結実していく萌芽的段階を示す事象と評価できるものの、国政にあずかる大老機構の成立を意味するものではないだろう」（［跡部二〇一六］三八二頁）云々と理解しておくのが穏当であろう。「御掟」「御掟追加」署判者としての六大名の選抜は、あくまでも「大老」制の「萌芽」に過ぎず、彼らに「大老」制と呼ぶほどの実体もなかった。したがって「大老」制の成立はやはり秀吉の最晩年とみなすべき、という評価である。

異論はない。しかし、ここに補足説明を加えて、より深く事態の展開を見通す必要がありはしないか。秀次事件から秀吉最晩年までの三年間、確かに六大名には、列座での合議とか政務運営の実績を確認することができない。ではなぜ、秀吉は「御掟」「御掟追加」を、バテレン追放令（天正十五年）やいわゆる「身分統制令」（同十九年）のように自身の朱印をもって公布しなかったのだろうか。「御掟」「御掟追加」の一部は、江戸幕府の諸法令に引き継がれたが、後続の「武家諸法度（ぶけしょはっと）」などが有力大名や幕閣の署判をもたない事実は周知に属するであろう。

六大名に国政を左右する実権がなかった、というのは結果論に過ぎない。その結果は不可避の流れであったのか。なお議論の余地はあるやに思う。

ここで問題にすべきは「御掟」「御掟追加」の時点で、秀吉は彼らに実権を与えようとしていたのか、それともはなから実働を期待せず、ただ「御掟」「御掟追加」に効力を持たせるためだけに、有力大名がこれを承認・発布するという形式が必要であったのか、である。秀吉の心算を探る必要があるのではないか。

そして、なぜこの六大名が署判を据えたのか。先行研究では「揺るいだ政権の安定化を図るため秀吉は、臣従する大名の中で最も有力な者を選定し」云々といわれるが（［堀越二〇一六］一一五～一一六頁）、選定の基準や経緯は必ずしも明確化されていない。六大名選抜の背景も考えておくべきであろう。次いでこの二つの疑問について私見を述べたい。

秀吉の心算

秀吉は「御掟」「御掟追加」に関係した六大名に、のちの「大老」制のような実質を与えようとしたのか。それとも、もとより特別な権限など彼らに与えようとしなかったのか。秀吉の心算は不明である。結果的に以後三年間の彼らに、のちの「大老」制のごとき「実質がなかった」という事実が知られるばかりである。

だが、前述「御掟追加」第六条は、具体的に「この六人」を対象に、直訴案件の合議を求めるような条文である。はなから彼らを名目のみの存在として、豊臣政権の中枢に位置づけた、と説明するには、不都合な条文ではなかろうか。

それから、秀次事件後に作成された徳川家康・毛利輝元・小早川隆景の三人連署による起請文には、東国は家康、西国は輝元・隆景が統括するという条文が存在する（毛利家文書）。輝元がこれを「面目（めんぼく）この事に候」（八月三日付書状。毛利家文書）と喜んだ事実をみても、誓約の時点では、秀吉が家康・輝元・隆景に、個別の役割を与えて活動を期待した、とみるのが自然である。ぐらついた政権基盤を立て直す、秀吉・秀頼の威信強化だけが目的であれば、東国・西国云々という条文を用意する必要はあるまい。はなから秀吉が空手形を切ったのであれば、なぜ家康・輝元・隆景を欺く必要があるのか。彼らに無用の言質を与えた結果、むしろ政権内部に混乱が生じ、家康・輝元・隆景の忠誠も揺らぐであろう。東国・西国云々はしたがって誓約時点では履行が予定された、とみなすべきである。

徳川家康像（名古屋市博物館蔵）

やはり秀次事件後の秀吉は、六人の有力大名に役割を割り振って実働させようと考えていたのではなかろうか。その先にあるのはおそらく、六大名による集団指導である。

「奉行」制の原型も立ち上がった。浅野長政を除く前田玄以・石田三成・増田長盛・長束正家の四人が、秀次事件を画期として「実質をともない存在する現前たる機関」として政権運営の実務を担いはじめたという（大阪城天守閣所蔵文書等。〔跡部二〇一六〕三七七～三七八頁）。

筆者の見立てはこうである。役割や職掌が東国・西国統括など高度に抽象化されていたために、結果的に実働する機会を得なかったのが六大名で、個別具体的な実務を担ったために、以後、秀吉が意図した役割通りに実働したのが「四奉行」であったのではないか。

次いで、なぜ徳川家康ら六大名が選抜されたのか、という問題である。これは〈表5〉～〈表6〉に示した諸大名の官位や石高、秀次事件後の善後策として諸大名に作成・署名を求

清華成	領国／本拠地（石高：万石） 文禄4年7月	慶長3年7月
天正16/4/16	武蔵江戸（240.2※）	
—	丹波亀山（10万石）	越前北庄（15？）
天正20/9/16	（徳川家康嗣子）	
—	美濃岐阜（13.3※）	
天正19/正/12	加賀金沢（44.5※）	
天正16/4/16	備前岡山（47.4※）	
天正16/8/17	越後春日山（55.1※）	陸奥会津（120）
天正16/7/25	安芸広島（112）	
文禄5/5/24	筑前名島（30.7）	—
—	陸奥大崎（61.4※）	
—	大隅帖佐（57.8）	
—	常陸水戸（54.5）	
—	越中守山（32※）	
—	陸奥会津（91.9※）	下野宇都宮（18）

〔備考：石高〕
＊石高は万石単位（百石以下は切り捨て）
＊石高※は「当代記」に拠る。その他の典拠は「毛利家文書」（毛利輝元）、「島津家文書」（島津義弘）、「佐竹文書」「義宣家譜」（佐竹義宣）、「小早川家文書」（小早川隆景）、「所三男氏持参文書」（小早川秀俊。丹波）等
＊毛利輝元の石高は吉川広家・小早川隆景領を含む。また、小早川隆景の石高は毛利輝元領内に設定された6.6万石を除外
＊島津義弘・佐竹義宣の石高は、太閤蔵入地等を含む

〈表５〉有力大名の官位・石高

No.	人名	生年（文禄4年７月時点の年齢）	官位	
			文禄４年７月	慶長３年７月
1	徳川家康	天文11（54）	従二位権大納言（天正15/8/8）	正二位内大臣（文禄５/5/8）
2	小早川秀俊（秀秋）	天正10（14）	従三位権中納言（天正20/正/29）	
3	徳川秀忠	天正７（17）	従三位権中納言（天正20/9/9）	
4	織田秀信	天正８（16）	従三位権中納言（文禄２/9/24）	
5	前田利家	天文６（59）	従三位権中納言（文禄３/4/7）	従二位権大納言（文禄５/5/11以前）
6	宇喜多秀家	元亀３（24）	従三位権中納言（文禄３/10/22）	
7	上杉景勝	弘治元（41）	従三位権中納言（文禄３/10/28）	
8	毛利輝元	天文22（43）	従三位権中納言（文禄４/正/6）	
9	小早川隆景	天文２（63）	正四位下参議（文禄４/正/22）	—
10	伊達政宗	永禄10（29）	従四位下侍従	従四位下少将
11	島津義弘	天文４（61）	従四位下侍従	
12	佐竹義宣	元亀元（26）	従四位下侍従	
13	前田利長	永禄５（34）	従四位下少将	正四位下参議（慶長２/9/28）
14	蒲生秀隆（秀行）	天正11（13）	従五位下飛騨守	従四位下侍従

〔備考：官位・家格〕

＊参議以上の公卿には任官の年月日を付記した。典拠は「勧修寺家文書」（徳川家康〔内大臣〕・前田利家〔権大納言〕。[藤井2018]）、「言経卿記」（徳川家康〔内大臣〕）、「お湯殿の上の日記」（徳川家康〔権大納言〕・小早川隆景〔参議〕）、「菊亭晴季武家補任勘例」（宇喜多秀家・徳川秀忠・織田秀信・上杉景勝・毛利輝元・前田利家〔以上権中納言〕）、「公卿補任」（前田利長〔参議〕）。なお、叙位は必ずしも任官と連動しておらず、たとえば秀家の権中納言任官は従三位（天正16/4/8）叙位の６年後である

＊清華成の典拠は、「聚楽第行幸記」（徳川家康・宇喜多秀家）、「輝元公上洛日記」（毛利輝元）、「お湯殿の上の日記」（上杉景勝・前田利家）、「勧修寺家文書」（徳川秀忠。[藤井2018]）「毛利家文書」（小早川隆景。[矢部2011]）

＊前田利長は利家の最晩年に「大老」に加わる（[大西2019a]）

〈表６〉秀次事件後の誓約事項

	人名	起請文の年月日	起請文の宛所	誓約事項
A	前田利家	文禄 4/7/20	宮部継潤 前田玄以 富田一白 長束正家 石田三成 増田長盛	①秀頼への忠誠・傅役として奉公 ②秀吉の法度・置目の遵守 ③秀頼への不忠、秀吉の法度・置目に違反する者の糾明と処罰 ④判断できない案件は「御置目をも仰せ付けられ候衆の異見」を仰ぎ、多数決で対処すること ⑤不断在京して秀頼へ奉公、私事による帰国禁止
B	宇喜多秀家	文禄 4/7/20	（同上）	①秀頼への忠誠 ②秀吉の法度・置目の遵守 ③秀頼への不忠、秀吉の法度・置目に違反する者の糾明と処罰 ④判断できない案件は「御置目をも仰せ付けられ候衆の異見」を仰ぎ、多数決で対処すること ⑤不断在京して秀頼へ奉公、私事による帰国禁止
C	織田信雄ら 27人	文禄 4/7/20	（同上）	①秀頼への忠誠 ②秀頼への不忠、秀吉の法度・置目に違反する者の告発 ③秀吉の法度・置目の遵守 ④秀吉の御恩を子々孫々まで伝承・豊臣政権への奉公 ⑤豊臣政権へ私怨を抱かず、下々の紛争には相互に糾明を遂げ「御異見」（政権の裁定カ）に従う
D	徳川家康 毛利輝元 小早川隆景	文禄 4/7	—	①秀頼への忠誠 ②秀吉の法度・置目の遵守 ③秀頼への不忠、秀吉の法度・置目に違反する者の糾明と処罰 ④東国の統括は家康、西国の統括は輝元・隆景が担う ⑤不断在京、必要な場合は家康・輝元が交互に帰国

＊Ａ～Ｃは大阪城天守閣所蔵「木下家文書」、Ｄは「毛利家文書」に拠る

＊Ｃには織田信雄ら29人の呼称が書き上げられているが、井伊直政・佐竹義宣には花押・血判が確認できない

＊ここでは有力大名（後年の「大老」）の待遇や役割の検討に絞るため、石田三成・増田長盛連署起請文（文禄4/7/12）や、太閤蔵入地の年貢納入実務について誓約した前田玄以・増田長盛・長束正家連署起請文（文禄4/8/3）、宗義智ら朝鮮在陣諸将による起請文（文禄4/8/20）を省略した

めた起請文をみていくとよくわかる。

豊臣政権が関白秀次の追放を公表したのが、文禄四年（一五九五）七月十日である（吉川家文書等）。この秀次失脚をうけて、七月十二日、のちの「奉行」石田三成・増田長盛が、秀頼への忠誠などを誓う起請文を提出した（木下家文書）。その他の大名に特段の動きはない。秀次追放直後の混乱が、後日のそれに比べて限定的であったことがうかがわれる。

七月十五日、高野山の秀次が切腹すると事態は急変する。同日以降、木村常陸介・粟野秀用・熊谷直之・白江成定らに切腹、服部一忠・一柳可遊・伊藤盛景・明石元知・滝川雄利に「御しかり（譴責）」など、秀次周辺の人々が次々に断罪されてゆく（所三男氏持参文書）。秀次切腹の影響が広がり、諸大名にも深刻な緊張が走ったと推測される。

七月二十日、秀吉は尾張や近江などの秀次遺領の分配方針案をまとめ（所三男氏持参文書［矢部二〇一六］）、さきほどの善後策の一つ目、前田利家・宇喜多秀家、そして織田信雄ら二十七人の大名に血判起請文を提出させて、秀頼への忠誠などを確認した（木下家文書）。

注意すべきはここからである。秀吉は起請文の作成単位や誓約事項に、明確な差異をつけていた。かくも大規模な起請文徴収は、聚楽第行幸時の天正十六年（一五八八）四月以来のことである。この時の起請文は同年四月十五日付で二通、いずれも秀吉の指示には何事であっても背かないことを誓うなど同文で、一通には内大臣織田信雄・大納言徳川家康・権大納言豊臣秀長・権中納言豊臣秀次・参議左近衛中将宇喜多秀家・右近衛権少将前田利家の有力大名、残り一通には侍従や少将に任官していた長宗我部元親ほか二十三人の大名が連署した(「聚楽第行幸記」)。秀吉は、官位の高下によって大名を三つの階層に分けたらしく、最上位の織田信雄ら六人と、それに次ぐ大名にそれぞれ二通同文の起請文を作成させ、秀吉が取り立てた加藤清正・石田三成といった直臣の大名には起請文を作成させなかったとみられる。

一方、秀次事件後の起請文は、〈表6〉の通り、単独の前田利家・宇喜多秀家、織田信雄らの二十七人連署、徳川家康・毛利輝元・小早川隆景の三人連署のそれなどに分かれていて、しかも秀頼への忠誠や秀吉の法度・置目の遵守という誓約事項は共通だが、それ以外の条文が一部異なっている。加えて二十七人のなかには、権中納言の小早川秀俊(のち秀秋)・徳川秀忠・上杉景勝・織田秀信の署判があって、このうち秀俊・秀忠・秀信は秀家・利家より先任であるため、同じ権中納言でも格上である。起請文の分け方には、聚楽第行幸時のような官位序列以外の基準があったとみていい。

有力大名の選抜基準

その基準とはなにか。秀吉＝豊臣政権の思考を推測する。〈表6〉をみられたい。秀次切腹後、秀吉は七月二十日付で、A前田利家、B宇喜多秀家、C織田信雄ら二十七大名の三通の起請文を作成させた。A・Bには、Cとは異なり、不断在京、すなわち原則帰国しないとの誓約があり、さらにAには利家を秀頼の傅役（もりやく）に位置づける条文がみえる。常に秀吉・秀頼親子の側近くにあると誓った利家・秀家の特別扱いの経緯はどこにあるのか。

そこで〈表5〉をみられたい。後年「大老」に列する面々と、官位や領国規模でこれに匹敵する大名を整理してみた。秀次事件の起こった文禄四年（一五九五）七月時点における官位順に並べてある。「大老」制の成立する慶長三年（一五九八）七月時点での情報もあわせて記載した。

秀次事件後の混乱を治め、秀頼への忠節を確認するにあたって、第一に起請文を徴するべきは官位・石高でも突出する徳川家康であろう。だが、七月二十日時点で家康は上洛途上にあったので、とりあえず対応は後回しになる（「言経卿記」「兼見卿記」。同二十四日に伏見到着）。官位序列でいえば次点は小早川秀俊だが、当時の秀俊は「他家の養嗣子」という立場に過ぎなかった。この若者は秀次事件後に筑前へ下向、養父隆景の領国を引き継ぐ。したがって、特段重要な役割は割り振れないので、秀俊は高Cに加わる。同じく徳川秀忠も官位序列は高いが、あくまでも家康の跡継ぎに留まるから、Cに列なる。秀忠に次ぐ官位の織田秀信は、秀吉の旧主信長の嫡孫という例外的理由で顕職にあるだけで、しかも十六歳の少年であるから、やはりCに署判させる。

上杉景勝像（米沢市上杉博物館蔵）

官位上、彼らに次ぐのが前田利家・宇喜多秀家である。利家は天正十一年（一五八三）四月の賤ケ岳の合戦後から、秀家は父直家の代、天正七年から秀吉とは共同戦線を張り続けてきた。両名とも長年にわたって秀吉の天下統一に協力してきたという経緯がある。しかも利家の娘であり、秀吉の養女である秀家の正室樹正院の存在によって、この三人は縁戚関係にあった。さらに三人ともお互いに相性がいい、というか親密である［大西二〇一九b］。利家・秀家の二人に、それぞれ単独で起請文を作成させたのは、こうして考えると、しごく妥当な措置であった。特に秀頼の傅役とした利家、そうではない秀家と役割に差をつけたのも、官位序列と年齢・経験を踏まえれば穏当な対応であろう。秀頼への忠誠を誓う一文に、利家の場合は「御もり（傅）に仰せ出だされ候上は（傅役を仰せつかったからには）」という文章が入るが、秀家の場合はそれがない（木下家文書）。

そして官位上、利家・秀家に次ぐのが上杉景勝である。だが、家康と同じく景勝も上洛途上にあった。伏見到着は八月四日まで遅れたので（「兼見卿記」）、これも対応は後回しとなり、結局Ｃの起請文に加わる。なお、矢部健太郎氏はＣの景勝について、「後半の狭い人名の間に無理矢理その署名が書き加えられた」として、「もともとこの起請文に署判する予定でなかった」と指摘し、上洛が遅れたために、利家・秀家と同じく単独での起請文の作成が断念されたと推定している。従うべき見解であろう（[矢部二〇一六] 二三九頁）。

景勝に次ぐ官位を有するのが毛利輝元である。輝元の領国規模は家康に次ぐので文句なしであろう。ただ、家康と一括して役割を振り当てられたため、おそらく家康の上洛を待って別途対応がとられた。

八月二日、毛利輝元は伏見城に登ってＤの起請文に署判を据えた。七月二十四日に伏見に到着した家康、叔父の小早川隆景と三人連署での起請文であって、日付は文禄四年七月。家康に「坂東法度（はっと）・置目（おきめ）・公事篇（くじへん）（坂東における法や訴訟）」の差配、輝元・隆景に「坂西の儀」を任せる、といった条文が存在した。東国の統括が家康、西国の統括が輝元・隆景に委ねられたと理解できる（毛利家文書）。秀吉の甥秀俊の養父という地位を得た隆景がここに加わったのは、家康に対して輝元では官位や石高、それに経験などの諸点で不釣り合い、不足があったから、とみるべきであろう。天正十四年十一月、家康は「関東の儀」、東国の大名に対する指導を上杉景勝とともに委ねられたことがあった（上杉家文書）。したがって家康の場合、こうした役割には十分な経験があったが、相対的に経験の浅い輝元には、隆景が補佐役として付属させられたのであろう。

ちなみに、Cの起請文に「常真」の法名が見える織田信雄は、往時の立場を失っていた。小田原攻めのあと、関東への転封を拒んで尾張・伊勢の所領を没収された信雄に、聚楽第行幸時のような特別待遇は望むべくもない。

以上、参議以上、すなわち公卿に列した豊臣政権の最有力大名とみられる人々について個別に洗ってみた。丹念に眺めるとA利家・B秀家が特に単独で起請文を作成した理由もクリアになったのではなかろうか。

ついでながら、「大老」選抜にあたって、領地の規模（石高）よりも、官位序列の方が優先された傾向について、読者はお気づきであろうか。前掲〈表5〉〈表6〉に明瞭である。その事情についても簡単に触れておこう。

天正十三年（一五八五）十月、関白秀吉は、九州豊後の大友宗麟の救援要請を容れ、これを圧迫する薩摩の島津義久に対して「国郡境目相論（領土紛争）」の停止を命令する（島津家文書）。だが、「頼朝已来」云々と鎌倉時代以来の由緒を誇る島津氏は、「羽柴事は、まことにまことに由来なき仁と世上沙汰し候」（「上井覚兼日記」天正十四年正月二十三日条）、つまり、秀吉には何ほどの由緒もないという世間の認識を一つの根拠に、停戦命令への服従を潔しとはしなかった。豊臣政権の九州平定戦の前提をなす出来事である。

「由来なき仁」――。一代にして位人身を極めた秀吉には、誇るべき伝統も血筋もない。そこで秀吉は天皇の権威や伝統的な官位制を活用した［朝尾二〇〇四a、池二〇〇三等］。迅速な天下統一は、圧倒的な軍事力が、この機略と結びついて実現をみた。

天正十六年四月、秀吉はみずから造営した京都の聚楽第に後陽成天皇を迎え（聚楽第行幸）、その権威をいただいて諸大名に忠誠を誓わせた。あわせて関白任官後の秀吉は、官位の授与によって生まれる秩序を大名編成のために利用した。いわゆる武家官位制である。豊臣姓とあわせて授与された官位の序列によって、秀吉を頂点とする武家の身分が明確化された。ちなみに従五位下ないし従四位下・侍従の官位叙任は「公家成」、従五位下・侍従以外のそれは「諸大夫成」と呼ばれている。

この武家官位制の重視を考えると、秀家らの六大名が「大老」に編成されていく事情もより鮮明に理解できるであろう。秀次事件後の起請文の作成過程からは、大名の序列・位置づけが、大名領国の規模（石高）よりも官位序列を優先して行われた傾向が読みとれる。領国がいかに広大でも、父氏郷の急死によって家督を継いだ若年の蒲生秀隆（秀行）や、討伐の対象となって軍事的に屈服させられた島津義弘、天正十八年の小田原攻めに際して秀吉に従属し、政権に参加して日の浅い伊達政宗や佐竹義宣は、いずれも官位序列上、際立った地位を得ることができず、したがって秀家や利家のように、政権の中枢にも加わることを許されなかったのである。

有力大名の役割・地位

秀次事件後、起請文の提出を通じて別格扱いをうけた前田利家・宇喜多秀家、そして徳川家康・毛利輝元・小早川隆景が、文禄四年（一五九五）八月三日付で「御掟」「御掟追加」に署判を据えることになった。ここで「御掟追加」に上杉景勝が加わったのは、官位序列のうえで輝元・隆景に優越し、さらに領国規模でも申し分なかったからであろう。若年の小早川秀俊・徳川秀忠・織田秀信のように、景勝をあえて排除する理屈もない。かくて家康以下の六人が豊臣政権の最有力大名に位置づけられた。

このうち上杉景勝を除く五大名には、〈表6〉の起請文A〜Cを読み解いてゆくと、それぞれに異なる役割が浮かび上がってくる。起請文Dに加わった景勝の評価こそ難しいが、秀吉は彼らに何を期待し、どのように位置づけようとしていたのか。おもに〈表6〉から整理しておこう。

〈表6〉の起請文A〜Dの通り、政権下の大名は等しく、秀頼への忠誠と秀吉の法度・置目（「大閤様御法度御置目」）の遵守を誓った。では、C織田信雄ら二十七名と、A前田利家・B宇喜多秀家、D徳川家康・毛利輝元・小早川隆景の違いは具体的にどう捉えられるのか。

まず、利家・秀家・家康・輝元・隆景は、不断在京して秀頼へ奉公を励むことを誓約している。さらにこの五人には一律に、秀頼への不忠や秀吉の法度・置目に違反する者の糾明と処罰にあたるという役割があてがわれた。秀次事件のような突発事案にも迅速に対応できる体制づくり、が意図されたのであろう。もっと踏み込んでいえば、秀吉の衰弱と死を念頭においた準備ではなかろうか。醍醐寺三宝院（京都市伏見区）の門跡義演准后が、文禄五年正月朔日の日記に「大閤（太）旧冬より御不例」と書きつけ（「義演准后日記」）、宣教師ルイス・フロイスも同じく正月前後に秀吉が「瀕死の状態」に陥ったと伝え聞いたように（『十六・七世紀イエズス会日本報告集』一―二・二八四頁）、この時期、秀吉の死は現実的な政治課題として意識されつつあった。秀吉が執務不能に陥った場合、その代行として秀頼を補佐するのは、傅役の利家を含む不断在京の有力大名のほかにない、という暗示が起請文の条文ににじんでいる。

次いでA〜Cを提出した五大名の役割や地位の違いについて。前述の通り、家康は東国の統括、輝元・隆景は西国の統括という、それぞれ独自の役割を与えられた。東国は家康単独、西国は輝元・隆景の二人がかりなので、家康の方がやや格上のようである（毛利家文書）。

また、利家・秀家の誓約事項には「我ら自然分別なきの儀これあるにおいては、御置目をも仰せ付けられ候衆の異見をうけ、多分（たぶん）に付いて相済ますべき事」という文言がある。判断できない案件があった場合は、「御置目」を定める人々の「異見」を仰いで、多数決で対処する、という意味である。「御置目」を定める人々の指示を仰ぐ利家・秀家は、「御置目」を定める人々よりも立場が低いか、権限が小さいと理解するほかない。起請文の七月二十日時点で利家・秀家より官位が高いのは、家康・小早川秀俊・徳川秀忠・織田秀信だが、事実上の上位者は家康一人といっていい。「御置目」を定める人々には、家康および、家康と一括して起請文を作成した輝元・隆景が想定されたのであろうか。

ただし、利家・秀家はともに、このあと「御掟」「御掟追加」に署判した。起請文の「御置目」が具体的に何を指すのかは明確でないが、「御掟」「御掟追加」がその一部を構成することは自明であろう。利家・秀家は「御置目」を定める人々に加わったといえる。したがって、両人の誓約事項のうち、「御置目をも仰せ付けられ候衆の異見」を仰ぐという部分は

（「御掟」「御掟追加」への署判後に）無効化し、判断できない案件があった場合は多数決で対処する、という部分だけが効力を保った、とみなすべきであろう。

秀頼の傅役、東国の統括、西国の統括、いずれの役割もその高下は一概に決し難いので、利家・家康・輝元・隆景はさしあたって同格、特段の序列はつけられまい。問題は秀家である。単独による起請文の提出、そして「御掟」「御掟追加」への関与を通じて、この人物は家康らと並ぶ政権の最有力大名に位置づけられた。ただし、同様の誓約を行いながら秀頼の傅役という役割がない点で利家よりも権限が小さい、あるいは格下とみなければならない。格式の面でも、際立って若かったからか、「御掟」において六大名のうち秀家一人だけが「乗物御赦免の衆」から外されている［大西二〇一九b等］。やはり秀家には、利家・家康・輝元・隆景、さらに景勝の後塵をも拝するような印象をうけざるを得ない。Dの起請文に名を連ね、独自の役割のない上杉景勝は、右の五人の下位におくべきであろうが、秀家に対しては「御掟」の条文を持ち出せば、景勝の方が優遇されている。

筆者のみるところ、秀吉はその辺りにも配慮したらしい。まず彼らに共通する不断在京の規定である。矢部健太郎氏も「「清華成」大名の起請文に固有の特徴」「秀家・利家と同様に、家康・輝元もまた、絶えず在京することを求められていた」（［矢部二〇一六］二三六〜二三七頁）と、この共通性に注目するが、筆者としては、共通性よりも微妙な差異をこそ強調すべきと考えている。

すなわち、利家・秀家は「私として下国仕るまじき事（私事による帰国は原則禁止）」を誓ったが、家康・輝元の場合は「自然用所候て下国の時は、家康・輝元かわりがわりに御暇申し上げ罷り下るべき事（もし用事があって帰国の時は、家康・輝元が一人ずつ許可を得て領国に下ること）」と規定された。

利家・秀家よりも、家康・輝元は帰国についての制限が緩い。両者不在は困るが、いずれか一方が在京していればいい、という風に理解できる。隆景については帰国に関する条件に言及がないので詳細不明であるが、利家・秀家よりも帰国制限に絞れば、家康・輝元の扱いが軽いのである。

次いで、「御掟」「御掟追加」の署名順に注目したい。連署の場合、立場が上の者ほど奥に署名するのだが、その奥から順番に署名を拾ってゆくと、

家康・秀家・利家・輝元・隆景（「御掟」）
家康・秀家・景勝・利家・輝元・隆景（「御掟追加」）

となる（浅野家文書・大坂城天守閣所蔵文書等）。官位序列上は「家康・利家・秀家・景勝・

輝元・隆景」であるが、「御掟」の条文で他の五大名の風下におかれたらしき秀家と、独自の役割が見出せない景勝を、あえて利家・輝元・隆景より上位に署名させて、おそらくはバランスをとっている。少なくとも官位序列と明らかに相反するこの署名順は、意図的とみなさざるを得ない。

集団指導の安定的な運用を目指す時に、もっとも忌避されるのは、特定の人物への権限や裁量の集中である。そこで秀吉は、明らかな高下のつけにくい役割を割り振ったうえ、不断在京規定の微妙な差異、署名順の操作という処置を通じて、この六人の序列を平坦にならし、彼らを横一線に近い、平等な立場に据えようと意図したのではなかろうか。こうした周到さから、集団指導を機能させようとした秀吉の意志を汲んでおきたい。

徳川家康ら六人の最有力大名には、上杉景勝を除いて個別に役割や権限が設定され、おそらくは実働が期待された。しかし、彼らによる集団指導が機能することはなかった。その事情は明確に見通せないが、機能しかけた集団指導を凍結させ得る存在が秀吉一人であること、そして、集団指導の頓挫の背景に、移り気な秀吉の気性があった可能性をのみ、ここでは指摘しておこう。

結局、集団指導の具体化は秀吉の死を待つほかなかった。秀吉の衰弱が進んだ慶長三年（一五九八）七月頃に及んでようやく、そして再び集団指導の構想が持ち上がり、くだんの六大名のうち、前年に没した小早川隆景を除く五大名によって「大老」制が組織された。秀次事件後、官位序列上この六大名のなかに割って入るような存在はなかった。以上が筆者の見立てである。

二つの集団指導の成功と失敗

本章では、おもに二つの集団指導について詳しく考えてきた。大名宇喜多氏の場合は、当主直家の死後にそういう事実のあったことそれ自体を個別具体的に実証した。前著の補足的叙述になったが、秀家幼少時における大名宇喜多氏の意思決定が、少なくとも天正十四年(一五八六)頃までは、秀吉の統制下における有力家臣の衆議によって代替されていたという私見を改めて提示した。オリジナルの見解なので実証過程を含めて諸賢のご批判を仰ぎたい。

続いて豊臣政権の集団指導、いわゆる「大老」制の成り立ち過程に関し、筆者の意見を同時代史料に基づいて提示した。豊臣政権論に傾いて、本書の主人公がかすむ議論になったが、秀家がなぜ「大老」の一人に抜擢されたのか、その具体的な道筋は明らかにできたのではなかろうか。「大老」や「奉行」による豊臣政権の集団指導は、秀吉の死後、なし崩しに破綻し、関ヶ原合戦を経て徳川家康の覇権が固まる、という流れはすでに読者の周知に属するであろう。

ではなぜ、この二つの集団指導のうち、大名宇喜多氏の場合は成功し、豊臣政権の場合は失敗したのか。一大名と全国政権とを単純に比較するのは誤解の種でもあろうが、ざっくりと筆者なりの結論を示すと、集団指導の構成員を統御する存在の有無にたどりつく。

幼少の当主秀家を支える集団指導は、天下統一に名乗りを挙げた秀吉が秀家の有力家臣の指導役として統制を利かせていた。かたや「大老」制の場合、彼らは相互牽制するしかなく、これを掣肘(せいちゅう)する存在を欠いていた。秀吉は微妙な調整、すなわち起請文の条文や「御掟」「御掟追加」の署名順に操作を加えて、明らかに実力に開きのある有力大名を形式的にはフラットな関係に編成したようである。だが、「大老」五人の絶対的上位者であり、統制役であった秀吉の消滅は、彼らの関係に変化を起こしてゆく。すなわち形式面での均衡が、実力の違いによって破られていった。家康に拮抗し得る実力者前田利家の死後、突出した官位と領国の規模（石高）を誇る家康の勢力が伸び、経験不足の秀家は求心力を失ってゆく。

最後に本章の冒頭を思い出されたい。そもそもこの二つの権力体は、武家による統治組織である以前に、軍事組織である。武家集団の結集核が入れ替わり、なお新たなそれが幼少である場合、組織のなかに混乱が生じ、騒動に発展する事例が多かったという。この条件を満たした大名宇喜多氏と豊臣政権のうち、秀吉という歯止めの存在の有無が、両者の運命を分けたのであろう。

第三章　宇喜多騒動の実像

日本近世とはなにか

兵農分離、石高制、鎖国……。我が国の近世を象徴し、中世と近世との差異を端的に示す三つの語句である［朝尾二〇〇四b等］。城下町に集められた武士は農業生産との関係を断ち切られ、武装解除のうえ耕地にしばられた農民は村落にあって年貢を負担する。かかる前提（兵農分離）のもとに、太閤検地に基づく石高制が成立し、さらにキリスト教の禁止や海外渡航・貿易の制限によって我が国は国際的に孤立した。

米の収穫高ないし年貢高を社会編成の原理として、農民が村落、武士や町人が城下町に住み分けを行う、対外関係の乏しい自己完結型の国家――。

一般的、そして古典的な近世社会とその成立イメージは、戦国乱世の終焉とからめて、およそ以上のように描かれてきた。この理解に立てば、太閤検地を行い、バテレン追放令を発し、天下統一を果たした豊臣政権の画期性がおのずと浮かび上がってくる。織田信長・豊臣秀吉それぞれの政権の間に、中世・近世を分ける画期を見出す、いわゆる「織豊断絶論」である。

だが、一九八〇年代以降、織豊政権あるいは中・近世の連続面がさまざまな角度から指摘され、中世から近世への移行期間も、十五世紀から十七世紀をまたぐ範囲に定義されるようになった。豊臣政権期における石高制の浸透は事実だが、太閤検地の原則とされる一反＝三〇〇歩・一地一作人・作合否定という条件から外れた検地事例や、それが容認された実態も無視できない［牧原二〇一四等］。兵農分離の体制的断行という見方も崩された。兵農分離は意図的な政策に基づいて実現したのでなく、社会の変化にともない結果的にそういう現象が生じたに過ぎない、という理解が説得力をもって主張されている［平井二〇一七］。村落の責任において年貢を納める村請も、近世村落に特有の制度ではなく、内実はともかく戦国期にその存在が確認され、「小農自立」（単婚小家族の小農民による自立農業経営の一般化）にしても、太閤検地による計画的な結果でなく、在地社会の自生的発展にともなう現象という理解が示されている［渡辺二〇一〇等］。

鎖国をめぐる議論も深まった。少なくとも、徳川幕府による長崎・対馬・薩摩・蝦夷の「四つの口」を通じた朝鮮・琉球・清・オランダ・アイヌとの国際（通商）関係などを踏まえて、極めて閉鎖的なニュアンスをもつ鎖国という用語自体に疑問が示された点は押さえておきたい［荒野一九八八等］。とはいえ、キリスト教の厳禁および日本人の海外渡航禁止を踏まえて、徳川幕府の方針はやはり鎖国と表現すべきとの主張もある［藤井二〇一五］。おもにキリシタン禁制・貿易統制から構成される鎖国概念を念頭に、その法制上の起点を秀吉によるバテレン追放令に求める見解も落とせない［清水二〇一九］。

以上、ざっくりと研究史を概観したが、中世と近世をはっきり分ける基準として、現象としての兵農分離、実態はどうあれ石高という統一基準によって支配階級（武家・公家・寺社）すべてをフラットに編成した石高制、おもにキリシタン禁制・貿易統制から構成される鎖国という三つの分析概念は、やはり重要視すべきであろう。

そう考えた時、兵農分離という現象を、太閤検地や刀狩りなどによって促進し、石高制を一挙に確立して、鎖国にいたる端緒をつくった豊臣政権、さらにいえば政権の頂点に立つ豊臣秀吉の画期性は評価せざるを得ない。豊臣政権＝秀吉こそ、日本社会の中世から近世への移行を、急速に推し進めた存在であることがここに再確認される。

十六世紀末の十数年間に、社会構造が激変し、各地に大きな軋轢（あつれき）や混乱が生まれた。本章の主題である宇喜多騒動も結局のところ、この激動のあおりと評価できる。

大幅には拡大しなかった宇喜多氏領国

羽柴＝豊臣秀吉の天下統一事業は、天正十年（一五八二）六月、主君織田信長の横死を画期として開始されたといっていい。すでに秀吉と共同戦線を張っていた大名宇喜多氏は、引き続き秀吉の指示に従って各地へ軍勢を繰り出し、あるいは大坂城・聚楽第・伏見城といった城郭、京都東山の大仏普請のために夫役(ぶやく)を負担して、秀吉の事業に協力した。

このうち軍事的な行動を特に、「際限(さいげん)なき軍役(ぐんやく)」と説明する場合がある［山口二〇〇八］。山口啓二氏が豊臣政権の好戦的性格を強調する議論のなかで用いた表現であるが、その是非はともかく、〈表7〉をみられたい。大名宇喜多氏にすれば「際限なき軍役」という言葉通りの現実があった。天正十三年の紀州根来・雑賀攻め以降、秀吉＝豊臣政権の関係した戦役にはすべて、当主秀家が軍勢を率いて出陣している。のち「大老」に連なる大名のなかでも、豊臣政権に対する宇喜多氏の貢献度は絶大といっていい。第一章でみたように、秀家と秀吉の養女樹正院との縁組は、天正七年以来の宇喜多氏の働きに対する恩賞であると同時に、それ以後の宇喜多氏の政権に対する貢献を必然化した。

〈表7〉の五大名のうち、徳川家康は天正十八年の小田原攻めの終結後、後北条氏の旧領を与えられ、駿河駿府(するがすんぷ)（静岡県静岡市）から武蔵江戸(えど)（東京都）へ移って領国規模を拡大させた。前田利家も秀吉に従属後まもない、天正十一年五月以前に加賀北半を加増され、さらに二年後には息子利長が越中三郡の大名に取り立てられた。上杉景勝も、大坂城に登って秀吉に拝謁した天正十四年六月に佐渡の支配を委ねられ、慶長三年（一五九八）正月には大幅な加増をともなって、越後春日山(かすがやま)（新潟県上越市）から会津若松に移されている。中国地方

〈表7〉軍役負担一覧

No.	年代	戦役名	徳川氏（徳川家康）	前田氏（前田利家・利長）	宇喜多氏（宇喜多秀家）	上杉氏（上杉景勝）	毛利氏（毛利輝元）
1	天正12（1584）	小牧・長久手の戦い	×（従属前／秀吉と対戦）	×	△	×（従属前）	×（従属前）
2	天正13（1585）	紀州根来・雑賀攻め	×（従属前）	×	○ ※20000？	×（従属前）	△（従属前）※水軍派遣？
3	天正13（1585）	四国攻め	×（従属前）	×	○	×（従属前）	○（従属前）
4	天正15（1587）	九州攻め	×	○ ※京都留守居（利家）※3000（利長）	○ ※15000	×	○（従属前）
5	天正18（1590）	小田原攻め	○ ※30000ないし20000	○	○ ※8500	○	× ※京都留守居
6	天正20（1592）〜	第一次朝鮮出兵	△ ※名護屋在陣	△ ※名護屋在陣	○ ※10000	○	○ ※30000
7	慶長2（1597）〜	第二次朝鮮出兵	×	×	○ ※10000	×	△ ※30000（毛利秀元）

＊戦地への当主の出陣（朝鮮出兵の場合は朝鮮半島への渡海）は○、戦地への軍勢派遣・当主以外の出陣（朝鮮出兵の場合は肥前名護屋への在陣）にとどまる場合は△、それ以外は×とし、軍役人数や、当主の在陣場所や役割などを※として注記した

＊当主の上洛（秀吉との対面）以前は豊臣政権への「従属前」として処理した。小牧・長久手の戦い以前に臣従していた宇喜多秀家・前田利家以外の上洛年月は、上杉景勝（天正14/6）、徳川家康（天正14/10）、毛利輝元（天正16/7）である

＊軍役人数のおもな典拠は、紀州根来・雑賀攻め（十六・七世紀イエズス会日本報告集）、九州攻め（大阪城天守閣所蔵文書、伊達家文書、毛利家文書）、小田原攻め（伊達家文書、毛利家文書）、第一次朝鮮出兵（小早川家文書）、第二次朝鮮出兵（島津家文書）。その他、九州攻めにおける前田利家の京都留守居は「多聞院日記」、小田原攻めにおける毛利輝元の京都留守居は「萩藩閥閲録」に拠る

の毛利輝元は、天正十三年の「中国国分」妥結以後、目立った加増はないが、叔父の小早川隆景が、四国平定後に伊予を、九州平定後には伊予に代えて筑前などを拝領して独立大名になったので、結果的に毛利氏の勢力圏は大きく広がった。

かたや大名宇喜多氏には、大幅な領地の増加はなかったらしい。宇喜多氏領国は備前・美作二か国、および備中東部の一部（都宇・窪屋二郡、上房・賀陽二郡の一部）、そして播磨の二郡（赤穂郡・佐用郡）で、合計四十七万四千石である（「当代記」等）［朝尾一九八四、森脇二〇一二、大西二〇一五］。このうち、帰属年代など詳細不明な播磨の二郡に、加増の可能性があるが、二郡あわせても六万石程度に過ぎない。

秀吉の天下統一事業に大名宇喜多氏は大きく寄与した。だが、「際限なき軍役」や累次の夫役負担の代償は、他の大名のように領地加増という形式をとらなかった、と考えざるを得ない。樹正院との縁組や、備前岡山周辺での領国の固定、すなわち徳川・上杉両氏のように領国の移動を命じなかったこと、そして従三位権中納言という官位や武家「清華家」という家格の授与（朝廷への推挙）をもって秀吉は、大名宇喜多氏（秀家）の働きに報いたのであろう［大西二〇一五・二〇一九b］。

宇喜多氏の惣国検地

秀家が顕職にのぼった背景には「際限なき軍役」があった。秀家はいい。問題は家臣団の処遇にある。秀家は当然、軍役・夫役の負担といった彼らの働きに報いなければならない。褒美の金銀、恩賞の土地（知行）を秀家はどのように捻出したのか。遺憾ながら、具体的にこの辺りの事情を語る史料はない。ただし、宇喜多氏と同じような状況にあった他の大名の事例から、おおよその推定は可能である。

可能性の一つが、さきに触れた太閤検地による石高制の貫徹である。検地の手法は多様であったが、領国内の土地はすべて統一的な基準（石高）によって把握され、その多寡に基づいて大名もその家臣も軍役や夫役を負う。それはいい。要点は、検地によって算出された石高にある。それまでは六尺五寸四方を一歩、三六〇歩を一反（段）とした土地の面積表示が、原則として六尺三寸四方を一歩、三〇〇歩を一反と改められた。高等学校の日本史教科書にも明記されるこの丈量制度の変更は、名目面積の飛躍的増加を意味する。従来と同じ面積でも、基準が変われば帳簿上の面積は膨らみ、これに反当たりの生産高（斗代・石盛）を乗算して求める石高も増える。田畑に加えて屋敷地にも石高が設定され、検地手法も「指出

（村落の自己申告）」から原則「丈量」すなわち実測に変わったので、従来よりも検地は厳密化した。この点からみても石高は増えそうである。

豊臣政権下における検地――いわゆる太閤検地を通じて、全国の石高は一挙に増加した。毛利輝元宛の秀吉朱印状（文禄四年〔一五九五〕六月三日付）には、「上方のけんち（検地）も五わり（割）・三わりは出で候（上方で検地を行えば、五割か三割かは石高が増える）」（毛利家文書）という文句もみえる。

秀吉の表現は決して極端ではない。文禄年間（一五九二～九六）の事例を拾えば、薩摩・大隅・日向諸県（もろかた）郡を領有する大名島津氏には約三十万石の打出（うちだし）（石高の増加）があったらしい（島津家文書）。常陸（ひたち）の大名佐竹氏も、約二十五万石の石高が検地の結果、二倍以上の約五十四万石に膨れあがった（佐竹文書）。宇喜多氏の惣国検地も同じ時期の実施である。島津氏・佐竹氏のように、かなり大幅な石高の増加が想定できよう。

要するに、石高という数値の操作で、領国に増減はなくとも、家臣への加増が可能になった。最終的に一万石以上を給された有力家臣を例にとると〈表8〉の通り。ごくごく部分的なこの集計をみても、いかに検地の効果が絶大であったかがわかる。

知行高という数値上、家臣団は十分過ぎる恩賞をもらった、といっていい。だが、面積の算出基準が変わり、秀吉の文句を借りれば「三割も五割も」数値が膨張した。しかも、検地

〈表８〉有力家臣の知行高とその増加率

No.	人名	知行高(石) 惣国検地前	知行高(石) 惣国検地後	増加率	備考
1	明石掃部	12500	33110	265%	
2	戸川(富川)達安	7530	25600	340%	
3	長船吉兵衛	7630	24084	316%	長船紀伊守の後継者。惣国検地の時点では紀伊守の知行高と推定
4	浮田左京亮	17660	24079.1	136%	
5	岡越前守	11600	23330	201%	
6	花房秀成	6360	14860	234%	
7	宇喜多忠家(安津)	10000	10000	–	浮田左京亮組の末尾に「安津　壱万石」と記載があるが、傍線で抹消されている

＊「宇喜多秀家士帳」から作成。［大西2017b］所収の表に加筆した［大西2019b］を一部修正して転載。「惣国検地後」の数値は、彼らの最終的な知行高を示した

後には知行地の変更や分散を強いられたらしい（後述）。知行高が倍増しても、むしろ実収入はさほど増えないか、むしろ減った、というケースも想定しなければならない。

原則として家臣独自の土地支配も否定された。検地の結果、土地の所有権は大名当主が一元的に掌握したのである。大名の直轄領である蔵入地（くらいりち）も拡大したとみなしていい。家臣団の迷惑に思いをいたす一方で、秀家の権力が飛躍的に強化された点も押さえておきたい。

検地による軋轢

宇喜多氏の場合も、検地によって知行の圧縮や知行地の変更・分散という方針がとられたらしい。「戸川家譜」には検地の過酷さが

詳述されている。「出頭のもの」中村次郎兵衛（?〜一六三六）が、浮田太郎左衛門と結託して有力家臣長船紀伊守の許可を得て、さまざまな密談をこらして秀家の意向をうかがい、その結果、断行されたのが惣国検地であったという。「出頭のもの」は「主君の寵愛を受けて、その御前に出入りできる人」（『邦訳　日葡辞書』）を指す、いわゆる出頭人である。「戸川家譜」の伝承に耳を傾けてみよう。

（読み下し）
四年春、紀伊守簡略と号し、三ヶ国検地す、作州・両備州、播州の内も同じ事なり、諸士数代所持し来る知行を所替させける程に、家人等も数年作り来る田畠打ち捨て、流浪に似たるもの多し、在所に離れ、迷惑に及び、次郎兵衛を恨む、家老・大身数代被官ども、人に知られたる者は取り上げて昵近させ、所領増す者多くして悦べども、家中一篇に不足に思いけり、

（現代語訳）
文禄四年（一五九五）の春、長船が倹約のためと号して三か国の検地（惣国検地）を行った。美作・備前・備中・播磨いずれも同じこと（検地の対象）である。家臣たちが先

祖以来何代も相伝した知行地が所替えになり、家臣の家人たちも数年来耕作してきた田畑を捨てざるを得ず、流浪人のようになった者も多い。生まれ在所から引き離された人々は困惑して中村を恨んだ。有力家臣や長年宇喜多氏に仕えてきた大身の家臣、名のある家臣は厚遇され所領も増加して喜んでいるが、家臣団全体をみると総じて不満をかこっている。

（【史料19】「戸川家譜」）

以上はあくまでも伝承である。惣国検地は文禄四年（一五九五）春ではなく、実際には文禄三年九月頃に完了していた［森脇二〇〇九］。だが、ここに描かれた検地の有様はおおむね実相を語り伝えているらしい。惣国検地をうけて発給された知行宛行状（ちぎょうあてがいじょう）は、現在のところ富川達安宛（文禄三年九月十二日付）、および花房秀成宛（文禄三年九月十六日付）の二通しか確認できないが（秋元興朝所蔵文書）［寺尾二〇一五］、状況は推定できる。このうち富川達安は「本知（従来からの知行地）」備前児島七千五百三十石に、七千石の加増である。ただし、新たな知行地は備前児島のほか美作や備中に設定された。花房秀成は備前和気（わけ）郡（新田荘。岡山県備前市・和気町）に三千石をまとめて加増されているが、別の史料（「宇喜多秀家 士帳（さむらいちょう）」）を参照すると同年新たに八千石を与えられているので、残りの五千石は他の地域に設定されたとみられよう。わずか二例だが、両人ともに知行が複数個所に分かれた事実と、七千石や八千石という大規模な宛行にともなって、少なくない家臣の知行地変更が行われた可能性を指摘できる。

秀家専制の確立

慶長四～五年（一五九九～一六〇〇）に起こった宇喜多騒動は、一言でいえば、大名当主への権力集中を図った秀家に対する有力家臣の反抗であった。この反抗の理由を考えるには、まず宇喜多騒動に至る大名宇喜多氏の変化をみておかなければならない。

大名宇喜多氏の領国支配体制は、秀家の成長にともなって、有力家臣による集団指導から、当主秀家の専制へと変化していく。秀吉＝豊臣政権の後援による家臣団統制の強化、秀家との上下・主従関係の厳格化を促す有力家臣の叙位任官、秀家への忠誠心と実務能力を買われた中村次郎兵衛・浮田太郎左衛門ら出頭人の登用［森脇二〇一二］、大名当主の飛躍的な権力強化を実現した惣国検地の断行などの方策によって、天正年間（一五七三～九二）末期から文禄年間（一五九二～九六）にかけて、大名宇喜多氏は領国支配体制を刷新した［大西二〇一二a・二〇一五・二〇一七a・二〇一九b］。

かくして大名秀家はその家臣団との関係を確たる主従関係に強化して、領国支配の実権を握った。しかし、複数の有力家臣から大名当主へ、領国支配の実権の移動が大きな混乱なく実現できたのはなぜか。秀家の背後に秀吉＝豊臣政権が控えていたから、と一応の説明はつくが、ほかに理由はないのか。そこで筆者の想定する、秀家が大名当主としての専制を実現できた理由を二つ、詳しく述べてみたい。

一つ目は、武家としての秀家の器量である。さきに整理したように、秀家は豊臣政権の関係した戦役にはもれなく参加し、しかも秀家が陣頭にたって大軍勢を進退させた。前著［大西二〇一九b］でも触れたが、こうした戦役において秀家が際立った武功を挙げた、という確証はない。だが、特段の失策もなく無難に務めを果たしてもいた。家臣団に将帥（しょうすい）としての過不足のない姿を見せ続けたのである。第一次朝鮮出兵では漢城（ソウル）への駐留、おそらくは後方支援を迷惑がって、前線への出陣をあえて秀吉に志願するなど、若さゆえか生来の気性か、勇敢な一面がうかがえる（成仏寺文書）［大西二〇一九b］。こうした実績が、秀家に対する家臣団の、ある程度の忠誠心を育んだのではなかろうか。若さはともかく、武家としてのひと通りの器量が秀家に備わっていたとみたい。

二つ目は、有力家臣の世代交代である。集団指導の担い手であった有力家臣は、長船貞親・岡家利・富川秀安・明石行雄・宇喜多忠家・宇垣宗寿という面々であった。このうち、宇垣宗寿は天正年間のうちに史料上から姿を消すので、文禄年間以前に隠居するか自然死したようである。長船貞親は天正十九年（一五九一）閏正月に没し（「虎倉物語」）、岡家利も翌年九月二十三日に朝鮮半島にて討死した（妙本寺文書）。富川秀安は天正年間のうちに隠居したらしく（「戸川家譜」）、天正年間の末期以降、慶長二年の最期まで目立った活動はみられない。明石行雄も慶長二年七月頃までは存命が確認できるが、文禄三年十一月の書状に、要件は以降、明石掃部（行雄の後継者）へ指示してほしい、と記しており、暗に第一線からの引退をほのめかしている（「萩藩閥閲録」）［大西二〇一五］。秀家の叔父宇喜多忠家も、天正十四年に秀吉の直臣に取り立てられ、以後は特段、領国支配に関わった形跡がない［大西二〇一〇］。第一次朝鮮出兵への出陣が、忠家最後のご奉公になったようである。

天正年間の終わりから文禄年間にかけて、かつての集団指導の担い手は、政務軍務の表舞台から退くか、この世を去った。この世代交代が大名当主に権力を集めたい秀家には有利に働いたと筆者は睨んでいる。

集団指導を担った有力家臣の後継者は、いずれも秀家と同年配の若者であった。富川秀安の嫡男達安は永禄十年（一五六七）の生まれで秀家より五歳の年長、叔父忠家の息子浮田左京亮は、文禄四年正月に脱稿されたイエズス会宣教師の書簡によれば二十四歳の若者という。数え年であれば秀家と同い年である。明石掃部は同じくイエズス会宣教師の記録によれば、秀家の姉妹婿であるから、秀家との年齢差もそう大きくはあるまい。岡家利の後継者越前守、長船貞親の後継者紀伊守の生年は不明だが、両人もさほどの年配とは思われず、秀家の同世代とみなしていいだろう。

秀家が領国支配の実権を握りつつあった時期に、有力家臣の世代交代が重なった。一新された有力家臣の面々は、秀家に従って各地の戦場をかけめぐり、その経験を通じて主従関係を固めていった。秀家への実権の移動が比較的スムーズに実現した背景には、そういう事情があったと筆者は考えている。

創作された宗教対立説

とはいえ、大名当主への権力集中策、ことに惣国検地は、宇喜多氏の家臣団を大きく動揺させ、秀家への反抗、宇喜多騒動に結果した。この筋書き自体は、随分以前からさまざまな論者の鼓吹するところだったが、筆者の主張が従来説とどう違うのかにも触れておく。

第一の違いは、家臣団の内紛に、宗教対立という構図を見出す従来説を否定したことである。第二の違いは、内紛の表面化、すなわち宇喜多騒動の勃発を、慶長三～四年（一五九八～九九）における秀吉や前田利家という秀家の後援者や、惣国検地を主導した一人、長船紀伊守の他界という事実、そして徳川家康の要求に基づく大坂から伏見への居所変更による、秀家の求心力の著しい低下に求めたところにある。

まず、第一の違い、宗教対立説の是非を整理しておこう。仮に一九八〇年刊行の『岡山県大百科事典』における柴田一「宇喜多家家中騒動」から従来説を拾うと、ここで柴田氏は、領国支配の実権を握った長船紀伊守が惣国検地を行い、「家臣の所領を削減して大名権力の集中強化を図った」とする。それが戸川達安・浮田左京亮ら「武将派」と、長船・中村次郎兵衛ら「文吏派（ぶんり）」との対立を招き、「さらに秀家が日蓮宗を弾圧したことから、日蓮宗と切利支丹の宗教的対立が絡み深刻化した」と、宇喜多騒動に至る流れを叙述する（一二二五頁）。典拠は示されないが、次に紹介する朝尾直弘氏と同じく「備前軍記」に拠ったのであろう〔柴田一九八〇〕。なお、戸川達安は宇喜多騒動以前に、名字を「富川」から「戸川」に改めているので、以下の表記は「戸川」達安で統一する。

この見方は、一九八四年刊行の『岡山県史』でも踏襲された。ここで朝尾直弘氏は「「備前軍記」によると、両派の対立には領内支配の方針をめぐるもののほかに、日蓮宗とキリシタンの対立があったという」（四八頁）と述べている〔朝尾一九八四〕。文中の「両派」は、惣国検地を実施した長船・中村らと、彼らに対抗した戸川・浮田（左京亮）らを指す。

以上の理解は柴田・朝尾氏以前でも一般的であった。戦前の『岡山市史』を参照すると、

「備前軍記」を典拠に、より詳しくこの筋書きがたどられる。『岡山市史』の執筆者（編者）、岡山郷土史研究の泰斗（たいと）永山卯三郎氏は、惣国検地の過酷さを説明したあと、秀家による日蓮宗の排撃に話題を進める。秀家の正室樹正院が病気にかかり、回復祈禱を日蓮宗の僧侶が行ったが効果がなかった。そのため、秀家は日蓮宗を信仰する家臣たちに改宗を命じた。明石掃部・長船・中村・浮田太郎左衛門らはキリスト教徒であったので「此布令を幸に士民に至るまで切支丹に改宗するもの多かりき」（一五六二頁）。ただし、戸川・浮田（左京亮）・岡「豊前守」（越前守の誤り）・花房秀成ら、日蓮宗からの改宗を拒んだ者も多かった。「此の悪政不法に苦しみ家中皆、長船・浮田・中村を憎むこと甚しく」「是より家中二つに分れて騒かしかり」（一五六二頁）というのが永山氏の解説である［永山一九三六］。

では、従来説の出典「備前軍記」から、以上の叙述に対応する箇所を参照してみよう。

（読み下し）

その頃、明石掃部・長船紀伊守・中村二郎（次）兵衛・浮田太郎右衛門（太郎左衛門）等、切支丹（きりしたん）を信仰せし折ゆえ、この触れを幸いにして士民に至るまで切支丹（きりしたん）になる者多し、また、戸川肥後守・浮田左京・岡越前守・花房志摩守（秀成）などはそのままにて日蓮宗を改めざる者もまた多し、このからき仕置にくるしみ、家中みな長船・浮田・中村をにくむ事甚し、（中略）

これより家中二つになりて、さわがしけれども、（後略）

（【史料20】「備前軍記」）

永山氏らの所説が「備前軍記」のトレースに過ぎないことは明瞭である。「はじめに」で述べたように、宇喜多氏がらみの通説・俗説は「備前軍記」に発する場合が多いが、宇喜多騒動の理解はその最たる事例であろう。「備前軍記」の主張を永山卯三郎氏が『岡山市史』にそのまま紹介し、その態度をさらに柴田・朝尾氏らが引き継いだために、宇喜多騒動の背景に、キリスト教徒対日蓮宗徒という宗教対立を盛り込む通説が形成されたと考えられる。

以上の従来説に疑問を呈したのが筆者である。「備前軍記」は雑多な伝承を比較検証して述作された十八世紀後半の編纂史料である。内容の出所や正否の吟味が欠かせない。そこで従来説の源流を探すと、宇喜多氏の関連史料は限られているので、すぐにみつかった。例の「戸川家譜」である。同書では、秀家による日蓮宗の排撃を述べたあと、次のように話題を展開する。

（読み下し）

その時、明石掃部切支丹を専ら(もっぱ)勤(勧)めるゆえ、忍んで伴天連(ばてれん)を呼び下し勧めけるに、傾かざるものなし、家中残らずこの流れに成りぬ、肥後守（戸川達安）老父友林（秀安）は御理り（ことわ）を申し、信仰に依て日蓮宗旨也、これは耶蘇（やそ）宗門を嫌らい、終に一代傾かざる也、浮田左京亮・岡越前（豊前子家督）・花房志摩守（秀成）・花房助兵衛（職之）、その外家中過半肥後守一同なり、紀伊守は次郎兵衛・太郎左衛門・延原土佐（のぶはらとさ）など一味す、明石掃部はかの宗門を弘めんとのみにて、何れへも寄らずと也、家中割れて静かならず、これ秀家卿家滅亡の端（はし）也、

（現代語訳）

その時、明石掃部はキリスト教を信仰しており、密かに宣教師を招いて布教させていたので、家臣団は残らずキリスト教徒になった。戸川達安の父秀安（友林）は道理を説いて自らの信仰を守ったので日蓮宗徒のままであった。秀安はキリスト教を嫌い、これに傾くことなく生涯を終えた。浮田左京亮・岡越前守・花房秀成・花房職之そのほか、家臣団の多くは戸川達安に味方した。長船紀伊守には中村次郎兵衛・浮田太郎左衛門・延原土佐などが味方した。明石はキリスト教を広めるだけで、どちらの派閥にも味方しなかった。家臣団が分裂して騒がしくなった。これが秀家滅亡の端緒である。

（【史料21】「戸川家譜」）

こうして「戸川家譜」を読解するとよくわかる。「備前軍記」は「戸川家譜」の要約に過ぎず、しかも整理の仕方は粗雑というほかない。「戸川家譜」の叙述を丹念にたどると、家臣団の派閥抗争は語られても、それが宗教対立であったとは断言されないのである。

「戸川家譜」の内容を再確認する。秀家が日蓮宗の改宗命令を出した時、明石掃部はキリスト教の勢力拡大に努めた。戸川秀安は日蓮宗徒であった。浮田左京亮らは戸川達安の一派で、長船紀伊守の一派には中村次郎兵衛らがいた。明石はキリスト教徒だからどちらにも味方しなかった。家臣団はこうして分裂した。

お気づきだろうか。「戸川家譜」には戸川らの一派が日蓮宗、長船らの一派がキリスト教徒であったとは一言も記されていない。「備前軍記」の整理は不適切である。確かに「戸川家譜」の文章はよくいえば素朴、悪くいうと稚拙だが、その弱点を無理に補った結果であろうか。「備前軍記」は「戸川家譜」の記事を正確に読み解かず、両派の対立とは別に言及される信仰の問題を、対立の原因と勝手に結びつけ、日蓮宗対キリスト教という構図を創作したといわざるを得ない。

「備前軍記」のいい加減さは、典拠と思しき「戸川家譜」を読み込めばかように明らかだが、さらに同時代史料、イエズス会宣教師の記録を参照すると、問題はより鮮明になる。宣教師は著名な大名・武将が洗礼をうけると、布教の成果としてこれを逐一、場合によっては誇張を加えてイエズス会の本部に報告した。秀家の家臣にもキリスト教に傾く者が多く、複数の記録が、そうした殊勝な人々に言及する。文禄三年（一五九四）の冬、大坂において浮田左京亮が入信し、さらに文禄五年十月以前に明石掃部が洗礼を授かった。このほか掃部の姉妹婿（おそらく岡越前守）もその教えに帰依したらしい［大西二〇一〇・二〇一五・二〇一九b］。宣教師の記録によって具体的に判明する、秀家家臣のキリスト教徒は以上である。長船紀伊守や中村次郎兵衛・浮田太郎左衛門の名前は一切確認できない。

「戸川家譜」の語るキリスト教徒は明石掃部一人だが、それは宣教師の記録と齟齬（そご）しない。だが、「備前軍記」はどうか。同書が日蓮宗徒とした浮田左京亮は実際にはキリスト教徒であった。岡越前守もその可能性が高い。繰り返すが、同書がキリスト教徒と一括した長船紀伊守らの姿は宣教師の記録には登場しない。「備前軍記」の杜撰（ずさん）さは歴然である。

一般的認識であった宗教対立説は、以上から明らかな事実誤認といっていい。二〇〇六年に公表した論考「宇喜多氏の家中騒動」における筆者の主張である［大西二〇〇六］。

家臣団統制の崩壊

次いで、従来説との第二の違い、宇喜多氏の内紛が表面化した契機についてみていこう。

秀家は家臣団内部の軋轢や対立に、無関心あるいは無策であったわけではない。秀家は出頭人中村次郎兵衛らに加えて、有力家臣から長船紀伊守を選んで重用した。必ずしも有力家臣をないがしろにしない、という態度を示して、その他の有力家臣の不満を和らげていたと筆者はみている［大西二〇一二a・二〇一五］。しかも、長船は戸川達安の妹婿であったという。達安としては積極的に長船を排除することもできまい。

また、戸川達安ら有力家臣は、彼らの父世代と同じく、豊臣秀吉と直接の関係があった。たとえば、戸川達安であれば従五位下肥後守といった彼らの官位は当然、秀家ではなく秀吉の斡旋による。しかも戸川達安の場合、文禄三年（一五九四）九月十二日付の知行宛行状には、秀家の署判に加えて、秀吉の袖印が捺されていた（秋元興朝所蔵文書）。秀家だけでなく、秀吉からも知行を保証されていたのである。

浮田左京亮の場合、秀吉から直接与えられた文書が二通確認できる。一通は左京亮から贈られた「すくも（泥炭、ないし染料であろう）」に対する礼状（「戦国武将文書」）。五月二十九日付の書状で、宛所は「宇喜多左」までしか判明しないが、「宇喜多左京亮」とみなしていい）、いま一通は左京亮の朝鮮在陣をねぎらい、これに小袖を遣わすとの朱印状である（「古文書雑纂」。十一月十三日付）。二通ともさほど込み入った内容ではないが、秀家を仲介せず、秀吉が陪臣に与えた文書として、存在自体が重要視するに足る。

花房秀成の場合は、そもそも秀吉の家臣、ないし宇喜多氏・秀吉に両属する存在であった。長船紀伊守も、伏見城造営の際にその働きぶりが秀吉の御意（ぎょい）にかない、「備前の儀、一向に長船に申し付くべし」という秀吉の上意さえ拝したという（「戸川家譜」）。

秀家の仲介なき秀吉との直接的な関係は、家臣団における彼らの格別の地位を示している。と同時に、その特権は彼らの行動を制約する一面を有していた。すなわち、秀吉は彼らとの交渉を通じて、暗黙のうちに彼らが秀家に従順であるよう統制していた、と推測できる。秀吉としても、秀家の家臣がその主君に対して反抗的では困る。秀家の命令通りに軍役・夫役を果たして豊臣政権に奉仕するように誘導しなければならない。秀吉は秀家の絶対的後援者として、宇喜多氏の集団指導が役目を終えたあとも、秀家の有力家臣に対して圧力をかけ続けていたといえる。秀吉の存在自体が、秀家の有力家臣に対する抑止力であった。有力家臣が秀家に背けば、そのまま秀吉への謀反とみなされよう。有力家臣はうかつに秀家に反抗できない。家臣団の結束は、秀家の実力・権威を秀吉が補って保たれていたといえよう。

そうした秀家による家臣団統制の破綻こそが、宇喜多騒動の勃発であった。慶長三年（一五九八）八月十八日、太閤秀吉が伏見城に病没した。翌年閏三月三日には、正室樹正院の実父前田利家も大坂においてこの世を去る。秀家は絶大な後援者を相次いで失った。長船紀伊守の死去もこの頃であった。「戸川家譜」は慶長四年、「浦上宇喜多両家記」は慶長二年頃の病死と伝承する。有力家臣にすれば、自身の自由な行動を牽制してきた存在が取り払われたことを意味する。長船の消滅で中村次郎兵衛ら一派の排撃も容易になった。

しかも慶長四年九月には、向こう三年は在伏見を命じた秀吉の遺言に背いて、徳川家康が大軍を率いて大坂に移り、豊臣政権の再編成に踏み切った［谷二〇一四］。家康は在大坂の「大老」毛利輝元との提携を維持する一方、秀家に大坂から伏見への居所の変更を迫り、帰国中の前田利長には上洛無用を通達して、この二「大老」を政権中枢から排除した（長府毛利家所蔵文書・「旧記雑録後編」）［大西二〇一九a等］。家康に屈服して伏見へ移った「大老」秀家の政治的求心力はここに失墜した。

従来説との第二の違いは、家臣団統制の崩壊過程を次のように整理した点にある。秀吉・前田利家・長船紀伊守の相次ぐ死、そして秀家の求心力低下が連続した結果、勢いづいたのが、秀家や中村次郎兵衛らに不満の有力家臣戸川達安・浮田左京亮らであった。彼らを束縛してきた存在がほとんど消滅し、政治的人格としての秀家も弱体化した。有力家臣の蜂起は必然といっていい。

宇喜多騒動の勃発

宇喜多騒動の勃発とその展開過程を復元するための材料は多くない。同時代史料は、京都相国寺（京都市上京区）の禅僧が執筆した「鹿苑日録」の記事が唯一だが、中村次郎兵衛の遭難という騒動の一局面が語られるに過ぎない。「鹿苑日録」に加え、騒動の当事者戸川達安の息子がまとめた「戸川家譜」や、徳川家康に近侍した医師板坂卜斎の覚書「慶長年中卜斎記」、同時代史料との整合性の高い「当代記」など、比較的確度の高い編纂史料を踏まえて考えると、騒動は、①大坂城下における戸川達安・浮田左京亮らの決起と、②慶長五年（一六〇〇）正月に起こった中村次郎兵衛の遭難（襲撃）、そして③同月の徳川家康による調停という、いくつかの局面から成っていた。勃発時期は以上から推測すると、慶長四年末から同五年初頭となる。さらにいえば、慶長四年末というところまで絞り込めそうである（理由は後述）。

確かな史料が乏しいので詳細はぼやけるが、複数の記事を比較考証すれば出来事の輪郭はつかめるだろう。①〜③を順番に考えてみる。なお、考証に厳密を期するため引用史料は以下、基本的に原文のままとする。

まず①の局面である。「慶長年中卜斎記」は次のように叙述する。

（原文）
備前中納言殿(秀家)家老浮田左京亮・戸川肥後守(達安)・岡越前守・花房志摩守(秀成)四人申分出来、四人の衆面々屋敷に居候而ハ難叶とて高麗橋東北の角の浮田左京屋敷あり、此処へ引罷り(籠)髪を剃、内の者どもハ大坂町屋の詰り〳〵に遣し、屋敷に鉄炮鳴候ハ、町中所々焼立候へと覚悟定り候、

（【史料22】「慶長年中卜斎記」）

浮田左京亮ら四人の有力家臣に「申分出来」、すなわち何らかの主張や非難を申し立てる必要が生じた。各自の屋敷にいては問題が解決しないので、四人は大坂城下高麗橋東北の角にあった浮田左京亮の屋敷に立て籠もって髪を剃った。彼らの家臣を町屋の端々に配置して、屋敷に鉄炮が鳴ったら、城下の所々に放火するよう命じて、彼らは覚悟を固めたという。

板坂卜斎の観察は「戸川家譜」の記事ともよく整合する。「戸川家譜」によれば、中村次郎兵衛の殺害を一決した戸川達安らは、中村のいた秀家の大坂屋敷の門に密かに侍を配置したが、中村は樹正院の侍女に身をやつして「乗物（おそらくは女性の乗る輿）」に身を隠して

逃亡に成功する。

（原文）

大坂に登りて、次郎兵衛を可打果よし定む、次郎兵衛此事を聞付て、秀家卿御前様（樹正院）に筋目有て、奥に入りて不出、各弥憎て、御門に忍て士中を付ける、次郎兵衛守の女に成て、乗物にて夜ニ出て加賀へ走る、

（【史料23】「戸川家譜」）

戸川らは中村の逃亡を許したうえ、かえって秀家の怒りを買った。秀家は戸川を大谷吉継の屋敷に招き寄せて殺害しようとした。浮田左京亮はこの企てを知って大谷の屋敷に駆けつけ、戸川を救出する。その流れで彼ら一派が決起したという。続きは以下の通り。

（原文）

危所を遁れて、直に同道して大坂玉造りの家に取り籠る、則、岡越前守・花房志摩守・同弥左衛門（肥後守聟 後ニ志摩）・戸川助左衛門（肥後守弟なり）・角南隼人（肥後守妹聟）・楢村監物・戸川又左衛門（肥後守従弟）・中吉与兵衛等、一同一所に居る、左京亮言、唯今屋鋪より討手の勢可来、如此にて敵

味方難弁事あるべし、刺髪(剃)して入道に成り、一人も不遁様にして、一同に可働、この屋敷に居る者不残すれとて、其身より坊主の形に成り、何も思ひ切不死してハ不叶様ニ成て、待懸たり、

（【史料24】「戸川家譜」）

生命の危機を脱した戸川達安は浮田左京亮に同道して「大坂玉造り」の邸宅（おそらく左京亮邸）に入り、岡越前守・花房秀成らと立て籠もった。左京亮は、すぐさま秀家の討手が来るだろうが、（討手も秀家の家臣であるから）敵味方の区別がつかない。そこで剃髪して一人も逃れられないようにして一同一緒に戦うことを命じ、坊主の姿に変わった彼らは死の覚悟を固めて討手を待ったという。

問題はこの「戸川家譜」の叙述が、どの程度の史実を含んでいるのか、である。「戸川家譜」の信憑性は総じて低くない。とはいえ、叙述を個別に切り取って、これは史実、これは誤伝と明確に見極めるのは不可能であろう。

「慶長年中卜斎記」にしても事情は同じである。同時代人の覚書ながら記憶違いも想定すべきで、すべてが史実というほどの厳密な内容ではない。成立年代は「寛永ごろ」（一六二四～四四）との考証もあるが［伊東一九七九］、内容からいえば、秀家に触れた箇所に「中納

言殿は正保年中迄は存命の由、嫡子は死去と八丈より来り候者の語り候」とあるので、正保年間（一六四四〜四八）よりあと、秀家の嫡男孫九郎の死（慶安元年〔一六四八〕八月）が江戸に伝わった慶安元年〜同二年頃が上限となる。板坂の没年から考えると、明暦元年（一六五五）以前と推定するほかない。林信篤（鳳岡）による「板坂卜斎如春叟碑銘」によれば、天正六年（一五七八）生まれの板坂は、同十九年に徳川家康に召し出され、のち初代紀州藩主徳川頼宣（家康の十男）に仕え、寛永七年（一六三〇）に頼宣の嫡男光貞に従って江戸へ移り、そのまま晩年を江戸浅草で過ごして明暦元年に没したという（「鳳岡林先生全集」）。

したがって、「慶長年中卜斎記」「戸川家譜」の共通部分以外、それぞれ独自の内容は、史実の可能性は認められても、史実として断定することは難しい。むしろ中村と対立し、主君秀家に背いた戸川の息子が、おそらく戸川らの談話をもとに編述したという「戸川家譜」の成立事情を踏まえると、同書における中村や秀家は批判的に、戸川らは弁護的に語られているとみなければならない。つまり、騒動のきっかけを中村の失政や秀家の戸川殺害計画に求める「戸川家譜」の描写は、ただちに史実とは認められない。

ひるがえっていえば、両書の独自ではない内容、つまり共通点は、史実である可能性が高く、おおむね史実と断言できるのではないか。「慶長年中卜斎記」が世間に現われたのは、板坂の死没から随分年月の経った享保年間（一七一六〜三六）以降である。同書の序文によると、徳川頼宣・光貞に仕えた板坂の覚書は紀州藩士となった彼の子孫に伝えられ、作られた写本も紀州藩の御納戸に納められて長く世間に知られることがなかったらしい。それが、将軍徳川吉宗（光貞の四男）による古記録の探索によって再発見されたのが享保年間であった。吉宗は紀州藩の御納戸から板坂の覚書（写本）を取り寄せ、さらに板坂の孫娘（紀州藩士岩本次郎左衛門の妻）が所持していた覚書（原本）も献上させて、山本八郎右衛門・成島道筑に命じて校訂させたという。その結果、一冊の原本が上中下の三冊に仕立て直されたものが、我々の知る「慶長年中卜斎記」である。ちなみに、第四章で活躍する秀家の家臣進藤正次の通称をこの書物が「三右衛門」と誤るのは、こうしたテキストの整理時に、転写の過程で書き間違ったのであろう（正しくは「三左衛門」。「寛永諸家系図伝」「進藤家古文書」）。

ともあれ、「戸川家譜」の編者は、「慶長年中卜斎記」の内容を知るすべがなかった。まったく無関係に編纂された両書の共通点は、したがって史実である可能性が高い、と判断してよかろう。いずれも比較的正確な史書とみられるから、その共通点をことさらに疑う方が失当とさえいえる。

そこで筆者は、騒動の局面①大坂城下における戸川達安・浮田左京亮らの決起を、史実と認めたわけである。彼らが立て籠もった場所は、「戸川家譜」が玉造、「慶長年中卜斎記」が高麗橋東北の角と、両書に齟齬があるのでこの辺りは判断がつかないが、大坂城下という一点は揺るがない。両書に一致する戸川達安・浮田左京亮・岡越前守・花房秀成という決起の中心人物や、頭を丸めるという彼らの行動もまた、事実の反映とみておきたい。

なお、髪を剃るという行為は注視しておいていい。敵味方の区別をつけ、死の覚悟を固めるため、という「戸川家譜」の説明以外にも意味がありそうである。武家の身分を象徴する髻を切ったわけだから、この時点で秀家の家臣団から離脱する、という意思表示を彼らが行ったとも理解できる。日本のイエズス会が西暦一六〇三年に刊行した『日葡辞書』にいわく、「髻を切る」とは、「俗世を厭い捨てることである」(『邦訳　日葡辞書』)。出家と同じく、彼らも俗世の所縁をここで断ち切った。

中村次郎兵衛の遭難

宇喜多騒動の局面①大坂城下における決起と前後して、②中村次郎兵衛の遭難があった。「戸川家譜」「慶長年中卜斎記」が中村の遭難に一切言及しないこと、「戸川家譜」では中村の逃亡後に①が起こった点から考えて、①以後に発生した事件と考えられる。筆者の仮定が正しければ、①の発生は、②慶長五年(一六〇〇)正月五日以前となる。よって前述のごとく、宇喜多騒動の勃発は慶長四年の末、という見立てにつながる(いま一つ、この時期の推定には論拠がある。後述)。

考証に厳密を期するため、②の典拠史料「鹿苑日録」慶長五年正月八日条の一節につき、原文・読み下し双方を掲げておく。

(原文)　※A~Fならびに傍線は筆者による

A.中村次郎兵衛去五日夜相果ト云々、B.此故ハ此比備前中納言殿(秀家)長男衆ヲ背テ恣之故ト云々、C.主者牢人也、D.定而中納言殿以前不苦之間、形少(大谷吉継)エ可出ト云々、E.備前ニハ不白与了松下人一両人シテ留守ヲスルト云々、F.上下七十人ホト之者共、一時ニ聴此事分散、絶言語、

(読み下し)

中村次郎兵衛、去る五日夜、相果(あいは)つと云々(うんぬん)、この故はこのごろ備前中納言殿長男衆(おとな)を背いて恣(ほしいまま)の故と云々、主(ぬし)は牢人也、定めて中納言殿、以前苦しからざるの間、形少え出だすべしと云々、備前には不白と了松下人一両人して留守をすると云々、上下七十人ほどの者ども、一時にこの事を聴き分散、言語に絶す、

(【史料25】「鹿苑日録」慶長五年正月八日条)

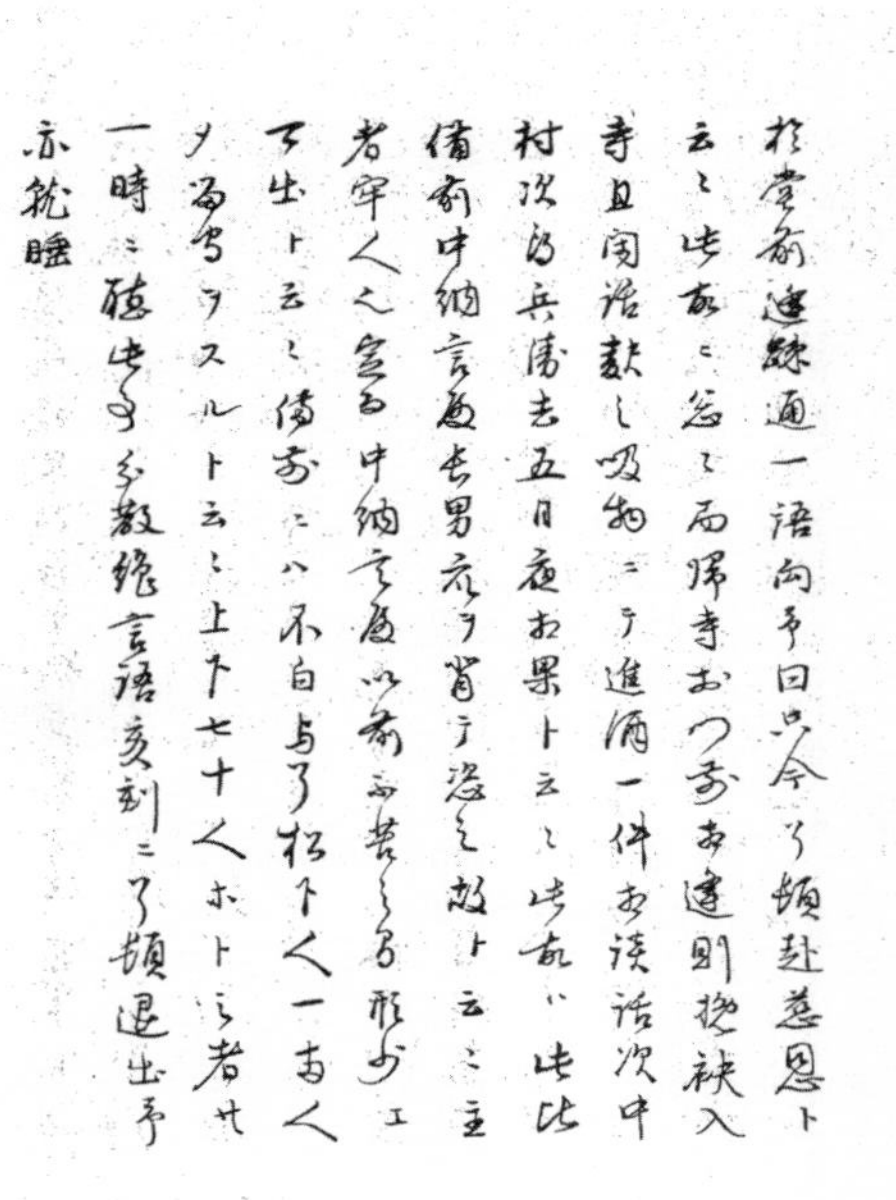

「鹿苑日録」慶長5年正月8日条（東京大学史料編纂所蔵）

宇喜多騒動の検討にこの記事を用いたのは、筆者以前にはしらが康義・朝尾直弘両氏がいるが、部分的な言及にとどまっている［しらが一九八四、朝尾一九八四］。しらが氏はA・B・Fの箇所を引用し、「中村次郎兵衛の殺害の噂と、宇喜多家中の混乱、また家臣のなかに宇喜多家を致仕したものが多くいたこと、以上が読みとれる」（二五頁）と解説した。朝尾氏は史料の引用は行わず、「『鹿苑日録』には一六〇〇年（慶長五）正月五日の夜、宇喜多家の中村次郎兵衛が専恣の行為ありとして斬られ、七〇人ほどの侍が分散し、宇喜多家では大谷刑部少輔に頼って事件を解決するつもりらしいとの記事がある」（四七頁）と整理した。朝尾氏はA・B・Fに加え、大谷吉継の登場するDをもとに論述を組み立てている。

筆者はそこで、しらが・朝尾両氏を参考に史料A～Fの全面的読解を試みた。二〇〇八年に公表した筆者の論文「秀吉死後の宇喜多氏」からその解釈を引用する。

①正月五日に中村次郎兵衛が「備前中納言殿長男衆」に断らず専恣な振る舞いがあったとして「牢人」に殺されたこと、②秀家がその「牢人」の引き渡しを大谷吉継に求めたこと、③「備前」（大坂城下備前島の秀家屋敷のことか）の留守居は「下人」である「不白」と「了松」であること、④「上下七十人」が次郎兵衛の件を聞いて退去したこと、以上のように整理できる。

（［大西二〇〇八］一八頁）

なお、二〇〇八年時点の筆者は、「備前中納言殿長男衆」を「宇喜多氏の有力家臣」（二九頁）と理解し、中村を襲ったとする「牢人」は、大坂城下で決起して秀家の家臣団から外れた「浮田左京亮らの徒党、あるいはそれに近い人々であった可能性」（一八頁）と説明している。

筆者の理解は光成準治・渡邊大門両氏の後学に引き継がれた［光成二〇〇九、渡邊二〇一一］。まず、光成氏はCにつき「襲撃勢力の首謀者達は牢人であると認識されている」と筆者と同

を、石畑氏の指摘があるにもかかわらず、別の複数の著作でも一言一句違わず繰り返し鼓吹

邊氏の文章を紹介するかどうか少なからず躊躇した。だが、この「鹿苑日録」の勝手な解釈

れば、全般的に独自性が乏しいうえ、明らかな間違いや史料の誤読が多いので、ここでも渡

りなく史料の文言を改変するのも感心できない。さしあたり宇喜多氏に関する著作に限定す

したい。そもそも何ら敬称のない「備前」を秀家と理解すること自体に無理がある。特に断

在の人物であり、この解釈は間違いである」（四七頁）という石畑氏の見解に全面的に賛同

が石畑氏の論断である。こうして指摘されなければ見落とすところであったが、「不白は実

「備前ニハ不白」の部分を「不曰」と解釈した結果ではないだろうか」（四七頁）、というの

の誤読、「間違い」であることが明らかにされた［石畑二〇一二］。渡邊氏は「恐らく記事の

この傍線部分が渡邊氏唯一の独自見解なのだが、のちに石畑匡基氏によって、単なる史料

いう理解になるのか全然見当のつかない解釈もある（二三六頁）。

せないとのことである」（傍線部筆者）のように、おそらくはDの意訳であろうが、なぜそう

する（二三六頁）。ただし、「首謀犯は大谷吉継のもとを訪れた。秀家には、このことを知ら

秀家から放逐された牢人らであった」と述べるなど、基本線では筆者や光成氏の理解を踏襲

深めている（二〇五頁）。渡邊氏も「鹿苑日録」の概要を示すとして「中村を討ったのは、

様の理解を示し、さらに踏み込んで「彼らは単身大谷吉継に庇護を求め」たと、Dの解釈を

し続けているので〔渡邊二〇一七〕一八〇頁、〔渡邊二〇一八〕一八一頁）、読者に誤った認識を与えぬよう、あえて取り上げておきたい。

「鹿苑日録」の読み解き方

「鹿苑日録」の理解について考えている。筆者や光成氏らの見解に異論を立てたのが、石畑匡基氏であった〔石畑二〇一二〕。石畑氏は「鹿苑日録」のこの部分の記録者が不明であって、そして問題の記事は、記録者に対して「了頓（りょうとん）」なる人物が語った話であるという事実を確認する。そのうえで「了頓」が摂津住吉（大阪市住吉区）の住人で僧籍にあり、「鹿苑日録」の記録者とも親しく、さらに記録者は中村次郎兵衛とも「相当親しい仲」（四九頁）であったと指摘した。問題の記事の記録者と同一人が執筆したと考えられる「鹿苑日録」慶長四年（一五九九）六月二十一日条をみると、記録者は中村を訪ねて饗応されている。

さらにEの解釈も興味深い。Eに登場する「不白」が、「鹿苑日録」に散見される事実から「下人」ではないこと、同じくEの「備前」は、筆者と同じく大坂城下の備前島（びぜんじま）である可能性を認めつつも、「鹿苑日録」の他の記事から、記録者ないし「了頓」の屋敷ではないか、という。確かに「鹿苑日録」慶長四年十月十二日条には「備前島に至りて了頓を問う（備前島へ行って了頓を訪ねた）」、同年十月晦日条には「酩酊して備前島に帰る」とある。

筆者もこの時期の「鹿苑日録」を読み返してみたが、石畑氏の指摘はいずれも妥当かと思われる。二〇〇八年の旧説はこの指摘を踏まえて改める必要があろう。

だが、記録者・「不白」・「備前（備前島）」以外の指摘は、おそらく成り立たない。石畑氏の独自解釈には、B「備前中納言殿長男衆」を「備前中納言殿、長男衆」と区切って読むこと、Fで分散した七十人程度の人々を「決起に混乱した住民を指すと想定されよう」（五三頁）ということなどがあるが、これらには議論の余地がある。というか、少なくとも筆者は賛同できない。あとで詳しく述べよう。

それでは石畑氏の研究をうけて、中村遭難を伝える「鹿苑日録」の記事について、一部見解を改めて筆者の考えを明らかにしていこう。

まず、A〜Bの解釈は旧説の通りで変更はない。Eは石畑氏の見解に従って、「備前」は備前島にあった「鹿苑日録」の記録者ないし「了頓」の屋敷と解釈を改めたい。ただ、「不白と了松下人一両人」につき、石畑氏は「不白・了松が所有する「下人一両人」」（五三頁）とする一方、「不白と、了松の下人一両人」という解釈も可能であろう。この部分はいずれとも決しがたい。

問題はC・Dである。Cは筆者以降、光成・渡邊・石畑各氏いずれも中村を襲撃した人々に関する文言と理解した。たとえば「牢人」という文句に着目した石畑氏は「襲撃者が捕縛されていることを指す」（五四頁）と述べていた。C「主は牢人也」の「主」を、「ある事柄を中心になってつかさどる人」（『日本国語大辞典（第二版）』）と解釈した結果である。

だが、「主」には「動作、または動作の結果生じた物事の主体。また、事の当人。本人」（『日本国語大辞典（第二版）』）、「その事に直接関係したり関与したりする人。当人。本人」（『角川古語大辞典』）という意味もある。筆者はこれを採りたい。すなわち、C「主は牢人也」を「中村は牢人であった」と理解する。その方が記事全体の文脈を踏まえても自然であろう。

石畑氏も「基本的に日記には自身の関心を書き記す。さらに、記事の内容が了頓からの伝聞であるならば、了頓は記主の興味関心のある情報を提供した可能性が高い」（四八頁）と述べている。問題の記事は、中村と親しい記録者が、自身と親しい中村の情報だからこそ書き留めた。だから、Cも中村を主軸に据えて読み解くのが穏当ではなかろうか。

A・Bの主語はいずれも中村である。Aは「中村が」果てた、Bは「中村が」秀家の有力家臣に背いていたから、という文章である。したがってCもまた、「中村は」牢人であった、と主語を中村に設定する方が自然であろう。

さらにDについても、内容の主体は中村ではなかったか、と仮定したい。筆者の旧説や光成氏は、A・Bは中村主体の文章、C・Dは中村を襲った「牢人」への言及、E・FはA〜

Dの事態への対応と影響（備前島の留守居、中村に近しい人々の離散）の説明と理解してきた。だが、文章の流れとしてはA～Dを一貫して中村を主体に読み解いた方が無理もないし、Dの内容も整合的に理解できる、と現時点（二〇二〇年）での筆者は考えている。

改めて、Dの読み下しを示せば「定めて中納言殿、以前苦しからざるの間、形少え出だすべしと云々」である。この一文は、筆者の旧説では「秀家がその「牢人」の引き渡しを大谷吉継に求めた」（［大西二〇〇八］一八頁）、石畑氏は「捕縛した「牢人」をきっと「中納言殿」（秀家）が「形少」（吉継）へ「出」すだろう」（五四頁）などと理解されてきた。すなわち、Dは中村遭難後の模様を語る一文、と解釈された。だが、この理解ではD「以前苦しからざるの間」という部分がきちんと解釈されていない。むしろ「以前」という語句を無視して、逆に今後の展開が推測されているようにすら読める。光成氏はこの一文に関して、やはり中村を襲った人々を主体に読んで、「襲撃時にはすでに家中から追放されていたことが窺える」（二〇五頁）と説明する。D「以前苦しからざるの間」を「秀家が（中村を襲った人々は）以前（追放した人々だから）支障はないので」と理解したらしい。その可能性もあるが、光成氏の解釈では「以前」の一語に「以前、宇喜多氏の家臣団から離脱した牢人であるので」という、かなり多くの内容を含ませなければ文意が通らないので、少なからず無理がある。前述のように、DもまたA～C同様、中村を主体に読み解いた方が穏当であろう。

以下、Dに関する現在の私見である。まずDの冒頭「定めて」は、「云々」とこの一文が結ばれる（伝聞で記される）以上、「きっと」「必ず」よりも、「おそらく」「たぶん」の意味と取るべきであろう。『日葡辞書』を引くと「定めて」の語釈は、「確実に、あるいは、疑いなく。ただし、一般通用の意味は〝もしかすると〟あるいは、〝多分〟である」（『邦訳 日葡辞書』）。そしてD全体は、繰り返すようにA～C同様、中村の動静を述べたとみた方が文章のつながりもよく、意味も通りやすい。C「中村は牢人であった」という解釈を踏まえると、Dは「おそらく秀家は、これ以前（中村の遭難以前）、支障はないから、大谷に対して（牢人になった中村の身柄をこちらへ）引き渡すように言っていたという」となる。この場合、大谷が中村をどこかに匿（かくま）うか、潜伏させていた、という理解になろう。

ここから話題は中村から転じて、中村遭難による対応や影響に移る。Eは石畑氏の見解を踏まえ、備前島にあった「鹿苑日録」の記録者ないし「了頓」の屋敷は、不白・了松両者の下人（二人）、ないし不白と、了松の下人（二人）の合わせて三人が留守を預っている、という理解になろう。ここで大坂城下の動静が語られるのは、①の局面、すなわち騒動の発生地点が大坂であったことを示唆する。

次いで、Fは旧説通りの理解でいいと思われる。「分散」した約七十人も、この「この事を聴き」逃げ去った、という叙述からいえば、石畑氏が主張する「決起に混乱した住民」ではなく、やはり中村の関係者であろう。「決起に混乱した住民」という見立てが正しければ、「住民」は中村の生死ではなく、「決起」という事態に反応して行動を起こす方が一般通念上自然である。重要なのは「決起」の有無ではなく、中村の死という「この事を聴」いたうえで、約七十人が「分散」という行動をとった点にある。

騒動の勃発は中村の遭難以前

宇喜多騒動の局面②中村次郎兵衛の遭難について、おもに石畑氏の批判をうけて、筆者の旧説を訂正し、現時点での私見を述べてきた。

さらに私見を補強しておきたい。「鹿苑日録」の問題の記事が、中村の動向を語るA〜Dと、その遭難をうけての対応や影響を語るE〜Fに分かれることを主張した。一方、石畑氏はB「備前中納言殿長男衆」を「備前中納言殿、長男衆」と区切って読み、Bの内容を、中村の襲撃理由は、「秀家が」有力家臣に背いて専横の振る舞いがあったから（中村が襲撃された）と理解した［石畑二〇一二］。そしてC・Dは中村を襲撃した人々の動静に話が移る。つまり石畑説を採れば、この記事は、Aは中村、Bは秀家、C・Dは中村を襲撃した人々を主題とする文章となり、非常に複雑な文章を構成していることになる。しかも、Dでは「以前……」という史料の文言とは逆に、「今後の」対応を推定していて（「捕縛した「牢人」をきっと「中納言殿」（秀家）が「形少」（吉継）へ「出」すだろう」五四頁）、「定めて」を「きっと」と理解する点も含めて、解釈に無理を来している。文章構成の点でも、中村と親しい記録者の興味関心のうえからも、A〜Dはいずれも中村を主体として読むのが適切であろう。また、B「備前中納言殿、長男衆を背いて……」と区切ると、主君が家臣に「背く」という流れになる。そうした状況、そうした表現自体が不自然である。家臣が主君に「背く」とは表現しても、主君が家臣に「背く」とは通常表現しない。すなわち、B「備前中納言殿長男衆」は、筆者の旧説通り、そのまま一つの語句として、秀家の有力家臣と解釈するのが妥当といえる。

加えて、A〜Fのうち「〜也」と断定されるのがCの部分だけ、という点も見落とせない。A・B・D・Eはいずれも「云々」と「了頓」から伝え聞いた情報、つまり不確実な情報であることが示唆されている。F「上下七十人ほどの者ども、一時にこの事を聴き分散、言語に絶す」は「云々」こそないが、断定もされていない。「七十人ほどの」という表現のあいまいさからいえば、Fも「了頓」からの伝聞情報と結論できる。

では、なぜCのみが「〜也」と断定されたのか。記事の記録者にとって、A中村の遭難やBその理由、D秀家の対応やE「備前」の留守居は、記事の執筆時点では「了頓」から聞いた話に過ぎず確定的ではなかった。だから「云々」とぼかされる。とすれば、C「牢人」を筆者の旧説や光成・渡邊・石畑各氏の見解通り「中村を襲った人々」とみると、なぜここだけ確定情報なのか、という疑問が生じる。どうして記録者は彼らの身分を「牢人」と確定できるのか、という点の説明がつかない。

回答はシンプルである。さきに指摘した通り、C「牢人」は中村を指す、と理解するほかない。石畑氏が明らかにしたように記録者は中村とは親密であった。中村が「牢人」であったことは、記録者にすれば周知の事実であったから「~也」と断定した、と考えるのが穏当である。そう考えれば、これも前述の通り、Dも光成氏のように複雑に理解する必要はなくなり、極めて整合的に理解できる。繰り返しになるが、D「以前……」は、中村の遭難以前の状況を書き留めた箇所と評価するのがいいだろう。

とすれば、やはり騒動の起点は、中村の遭難以前におくべきである。これを石畑氏は慶長五年(一六〇〇)正月五日の中村の遭難時と結論したが、いま筆者が提起したように、この時点ですでに中村は「牢人」であった可能性が高い。「戸川家譜」を踏まえれば、中村が「牢人」となる原因は、大坂城下における戸川達安らの行動に求めるべきであろう。毎度くどいが「戸川家譜」の描写は、戸川らに弁護的、ひるがえっていえば、中村に攻撃的という問題はあるが、大枠の史実は外していまい。すなわち、中村が姿をくらました後に①の局面があって、そのうえで②正月五日の中村遭難に至った、と結論できる。

ちなみに、騒動の勃発を正月五日とみる石畑氏の論拠は、さきに引用した「戸川家譜」の中村逃亡のくだりを、「「家老中」による中村襲撃」（五一頁）と理解し、これを「鹿苑日録」が正月五日と記した中村遭難と同一事件のように扱ったところにある。だが、「戸川家譜」を読む限り、中村は屋敷の「奥（奥向）」に隠れ、戸川らの「家老中」は「御門に忍て士中を付ける」、すなわち屋敷の門にこっそりと侍を配置しただけだから、これを中村襲撃と読むのは不可能である。石畑氏の唱える騒動の勃発を、中村が遭難した正月五日とする説はこの点からいっても無理筋の議論で、成り立たないというのが筆者の見方である。

では、ここまでの議論を踏まえ、私見による「鹿苑日録」の現代語訳を掲げておく。

A中村次郎兵衛が去る正月五日の夜に死んだという。Bその理由は、最近、秀家の「長男衆（有力家臣）」に背いて勝手な行動があったためという。C中村は牢人であった。Dおそらく秀家はこれ以前、支障はないからと（中村が宇喜多氏家臣に復帰してもその身柄は安全であることを暗示）、（中村の潜伏を助け、その潜伏先を知っていた）大谷吉継に（中村の身柄）引き渡しを求めていたらしい（が、中村は遭難してしまった）。E「備前」（大坂城下備前島の、「鹿苑日録」の記録者ないし「了頓」の屋敷）には、不白・了松の下人一両人が留守居をしている。F身分の高いもの低いもの七十人ほどが、この事件を聞いて（秀家の家臣団から）離脱した。言語に絶する事態である。

最後に、②中村遭難の場所について私見を述べておこう。光成氏は大坂（二〇三頁）、石畑氏は伏見（五二頁）と考えているが［光成二〇〇九、石畑二〇一二］、筆者は京都か、その近郊、さらにいえば太秦（うずまさ）ではなかったか、と結論づけたい。

根拠はある。「鹿苑日録」の記録者は、中村が襲われた正月五日の時点で、大坂ないし住吉にいた（「鹿苑日録」）。とすれば、石畑氏も指摘するように、中村遭難が大坂での出来事ならば、記録者がこれを実見するか伝聞で知った可能性が高い。にもかかわらず、三日後に「了頓」からこれを聞いて日記に書き留めている。記録者自身は中村遭難を三日後まで知らなかったらしい。したがって、中村の遭難地点を大坂とみなす主張は潰せそうである。ここまでは石畑氏の意見と筆者のそれは一致する。

伏見説にも決め手がない。中村遭難後の正月九日、伏見において秀家家臣団の何者かが磔に処された（「時慶記」慶長五年正月十日条。「伏見浮田中納言家中昨日磔由候」）。騒動が大坂に加えて伏見に波及していたのは事実であろうが［大西二〇〇八］、かといって、中村遭難の場所が絞り込めるわけでもない。

筆者はこう考える。「鹿苑日録」には、中村遭難の場所に一切の言及がない。「鹿苑日録」を繰るとよくわかるが、何事かを日記につける場合、記録者は「(大坂・伏見など)に於いて」と、どこの出来事か、どこを訪ねたのか、基本的に場所を書き込んでいる。その欠落は、明記する必要のない地点、おそらく正月八日に記録者のいた相国寺から、そう遠くない場所で中村遭難が起こった可能性を仄めかしているのではなかろうか。

そこで京都ないし京都近郊の太秦である。石畑氏の伏見説はあくまでも類推による仮説だが、筆者の説には直接的な傍証がある。新出史料として筆者が紹介した、加賀藩士関屋政春の著作「乙夜之書物」下(寛文十一年〔一六七一〕成立。金沢市立玉川図書館加越能文庫所蔵)の一節である〔大西二〇一六c・二〇一九b〕。

(原文)

中村次郎兵衛子息勘次同道シテ、京近所ウヅマサ(太秦)ト云所ニ、古ヨリ知リタル牢人在、是ヲ頼、カイ〳〵敷タノマレ、父子家来カクシ置、然所ニ右ノ家老トモ、次郎兵衛在所ヲ聞付、四百斗ニテ押寄、トキ(鬨)ヲトツト作ル、折節次郎兵衛ハ、住吉ニ用所在リ行、留主ナリ、有合家礼ヲ勘次引連、ツイテ出、家礼五人ウタレ、勘次ハ難ナクツキヌケ立ノク、其後次郎兵衛ハ御家エ被召出、弐千石被下、中村刑部ト云、勘次ハ備前宮内殿(池田忠雄)ニテ七百

石取テ中村惣右衛門ト云、右ウツマサノ首尾覚ニナリテ、宮内殿御他界ノ時分、惣右衛門御家エ被召出、弐千石被下、

（現代語訳）

中村次郎兵衛は子息勘次をともない、京都近郊の太秦に、旧知の牢人がいたので、これに頼み込んで親子家来ともに匿われた。だが、宇喜多氏の有力家臣が、中村の潜伏先を聞きつけて、四百程度の軍勢で鬨を作って押し寄せてきた。ちょうど中村は住吉に用事があって外出していたので留守であった。居合わせた家来を率いて勘次はこの窮地を難なく脱したが、家来五人が討ち取られた。その後、中村は加賀藩に仕官して二千石を与えられ、中村刑部と名乗った。息子の勘次は岡山藩主池田忠雄のもとで七百石を与えられ、中村惣右衛門と名乗った。太秦での出来事が、武芸に覚えある者、という惣右衛門の評価につながり、池田忠雄死去の前後の時期、加賀藩に召し出されて二千石を与えられた。

（【史料26】「乙夜之書物」下）

「乙夜之書物」は、「鹿苑日録」の記事を除けば、現時点で中村遭難を傍証する唯一の史料

である。比較的成立年代が早いことや、寛永十年（一六三三）に加賀藩主前田利常に召し出された関屋が、晩年の中村に接触した可能性を考えると、内容の信憑性は低くない。同書の宇喜多氏をめぐる伝承には、秀家の家臣一色主膳（昭昌。?〜一六五〇）の談話があるから、関屋の情報源は中村でなくとも、その息子惣右衛門（?〜一六四六）や一色主膳といった同時代人であった可能性も高い。

加えて史料の最後に注意されたい。中村惣右衛門が池田忠雄の死去前後、「御家（加賀藩前田家）」に仕官できたのは、「右ウツマサノ首尾覚ニナリテ」、すなわち太秦での槍働きが認められた結果という。中村遭難を前提に、中村惣右衛門が加賀藩に召し抱えられた、という由緒は無視できまい。この出来事は関ヶ原合戦後と語られていて、その点は明らかな誤認であるし、「右ノ家老トモ」と表現される戸川達安らの手勢四百にも確証はない。けれども、部分的な不正確さ、内容の誇張はあっても、史料の成立事情を考えた場合、この伝承の筋書きは史実に沿っているのではなかろうか。

以上、正月五日の中村遭難の場所は、「鹿苑日録」の記事から推定すると、正月五日には大坂にいた「鹿苑日録」の記録者の目の届かない地点、そして相国寺からそう遠くない地点、すなわち「鹿苑日録」にあえて明示するまでもない京都か、京都近郊と結論できる。さらに絞り込めば、「乙夜之書物」という比較的信頼できる編纂史料が伝える京都近郊の太秦と推断できよう。太秦は相国寺から直線距離で一里半もない。

徳川家康の仲裁

かくて宇喜多騒動は、①有力家臣の決起、②中村次郎兵衛の遭難を経て、混迷の度を深めていった。おそらく伏見にいた秀家は、騒動を収拾できなかった。そこで頼ったのが「鹿苑日録」にも登場した大谷吉継や、榊原康政（さかきばらやすまさ）（徳川家康の家臣）・津田秀政（つだひでまさ）（小平次）であったらしい（「慶長年中卜斎記」）。だが、彼らの仲裁も成功せず、結果的に徳川家康が調停に乗り出して騒動は沈静化したようである（「戸川家譜」）。「当代記」によると、この時、大谷吉継は秀家に道理の帰することを主張し、家康は戸川達安ら「家老之者」を弁護したという。家康による裁定を「戸川家譜」は慶長五年（一六〇〇）正月と伝承する。この年月にも確証はないが、騒動の鎮静時期とみて、おそらく大過ない。傍証となるかどうか、醍醐寺の義演は正月二十二日、秀家とその正室樹正院のもとへ酒肴と祈禱の巻数を送ったのだが、特に「中納言（秀家）へいまだ仰せ通（かよ）わず（秀家とはまだ連絡がとれていない）」と書き付けている（「義演准后日記」）。義演と秀家とは旧知の間柄だから「いまだ仰せ通わず」は、新年の挨拶がまだ、という意味であろう。その理由をここでは騒動にともなう混乱のため、と考えてはどうだろうか。そう理解すると、正月二十二日には秀家との音信を交わせるほどに事態が鎮静化していた、との推定が成り立つ。さらに、新年の挨拶ができなかった背景には、年明け以前に、そういう状況に秀家が追い込まれていた可能性を描き出せる。筆者がさきに騒動の勃発を、慶長四年の年末にまで絞り込んだ所以はここにある。

慶長四年九月に秀家は伏見へ移ったが、義演が音信を通じた時には大坂に下っていたらしい。翌正月二十三日に秀家から義演に返信があった。「浮田中納言より昨日の返事、内府(徳川家康)の上洛、延引と云々」(「義演准后日記」)。秀家からの返事が翌日に届き、さらに秀家が家康の上洛延期(家康は在大坂)を知らせてきたことから推測すれば、秀家は伏見ではなく大坂にいたのであろう。

ともあれ、騒動は家康の裁定をもって決着した。「戸川家譜」によれば、戸川達安は関東の武蔵岩付(埼玉県さいたま市)に移され、これに戸川又左衛門(達安の従弟)・中吉与兵衛が従った。かたや浮田左京亮・岡越前守・花房秀成・戸川助左衛門(達安の弟)・角南隼人らは国許の備前に下ったという。居所が変わっただけのようにみえるが、政権所在地の上方で騒擾事件を起こした事実を考えれば、少なくとも彼らには謹慎以上の処罰が下されたとみたい。それでもかなり寛大な処置といえる。「戸川家譜」は、彼らの剃髪をその背景に挙げるが(「これ刺(剃)髪ゆえ、公儀ならずかくの如き也」)、家康の配慮とみるべきか、豊臣政権の弛緩(かん)と捉えるべきかはともかく、もし騒動が秀吉存命中に起こっていれば、彼らは切腹なり斬首に処されて、秀家自身の立場も危うくなった可能性が高い。

そこまで考えをめぐらせれば、騒動の評価も多少は改める必要があろう。騒動は「大老」秀家の求心力低下と、その裁定を通じた家康の勢力拡大という結果を招いた、という筆者の見立ては動かない［大西二〇〇八・二〇一〇］。ただし、事の重大さに引き換え、家康はかなり穏便に事態を収めている。戸川達安ら関係者の処罰は寛大を極め、家臣団の分裂を許した秀家に対しても不問に付したとさえ評価できそうである。騒動の勃発を家康はみずからの勢力拡大の好機と捉え、「事件を最大限に利用した」（［朝尾一九八四］四八頁）という理解もあるが、家康が秀家への追及を特段行わなかった一点の事実からいっても、そういう見方は成り立ちにくい。

宇喜多騒動の結末

宇喜多騒動には①〜③に加え、いま一つ、再燃の局面がある。武蔵岩付に移った戸川達安はそのまま秀家のもとを去ったが、備前に戻った岡越前守・花房秀成は、家臣団に復帰したのち、再び秀家と対立して致仕するに至った（「戸川家譜」）。慶長五年（一六〇〇）五月十二日に「奉行」長束正家の屋敷にて大谷吉継らが「備前中納殿之儀」(秀家)、おそらく騒動の再燃に関わる談合をもっている（「鹿苑日録」）。また、秀家の義兄前田利長は、五月二十二日付の書状のなかで「びぜん中なごん殿(秀家)おとなども出入りの義も、大方すみ申し候由」と言及する（「武家手鑑」）。「戸川家譜」は岡越前守・花房秀成の致仕を、秀家の（おそらく岡山）出陣時、すなわち六月のように記すが、以上から考えれば五月の出来事であろう。かつて指摘したように、騒動は家康の裁定によって万事落着したのではなく、最終的には五月の出来事までを含めて考えなければならない［大西二〇〇八・二〇一〇］。いわば騒動が二段階（慶長四年末〜翌年正月、慶長五年五月頃）にわたる、という指摘も、筆者のオリジナルであって、従来説にはなかった見方である。

ちなみに、浮田左京亮は岡・花房とは別行動をとり、以後しばらく秀家の家臣にとどまる。関ヶ原合戦の端緒となった会津の上杉景勝討伐戦に、秀家の名代として出陣し、総大将の徳川家康に従って東海道を下った（「戸川家譜」）。次いで秀家も出陣し、家康らに合流する予定であったとみられるから、左京亮は宇喜多勢の先陣といえる。だが、七月中旬に石田三成らが家康打倒を唱えて上方で挙兵すると、左京亮はそのまま家康に従い、三成に味方した秀家とは袂(たもと)を分かった。左京亮を弁護するわけではないが、この場合、家康に背いて上方へ引き上げる選択はとりづらかったであろう。ともあれ、大坂城下で決起した有力家臣戸川達安・

浮田左京亮・岡越前守・花房秀成の四人はこれですべて、宇喜多氏の家臣団から離脱する結果となった。彼らと対立した中村次郎兵衛も遭難し、中村の一派も騒動の混乱のなかで同じく秀家のもとを去った。騒動によって家臣団から離脱した面々の総計知行は、「浮田家分限帳」によれば十四万石あまりにのぼる。これは同書の記録する約三十五万石という総知行高の三分の一を超える数値であって、騒動の影響がいかに深刻であったかを雄弁に物語っている。同じく「浮田家分限帳」から、退去者の知行高を眺めると、約二万五千石の戸川達安から、三十石の服部左門次郎までその分布は幅広い階層を横断する。有力家臣から家臣団の底辺にまで、秀家への不信が浸透していたのであろう［大西二〇〇八・二〇一〇］。その端緒が、惣国検地をはじめとする領国支配体制の変革にあったことは容易に想像できる。

秀家が知行の大小にかかわらず、多くの家臣から見放されてしまった事実は重い。石田三成の挙兵をうけて「東軍」に身を投じた戸川達安は、伊勢に在陣中の明石掃部に宛てた書状のなかで、秀家を指して次のような批判を展開した。「惣別(そうべつ)、秀家御仕置にては国家相立たずとは、天下悉くしりふらし(知)申す事に候(そうろう)（総じて、秀家の政治では宇喜多氏領国は成り立たない。それは天下の者ことごとくに知れ渡っている）」（水原岩太郎氏所蔵文書）。第二章での検討を踏まえていえば、武家・武将としては相応の実績を挙げて家臣を従えてきた秀家であったが、秀吉の存在に大きく依存した家臣団統制にはおのずから限界があった。有力家臣の多くが、秀家と同世代の若者であった事実も、彼らが政治的老巧さを欠いていたと推測できる点で、家臣団の分裂を促したのかもしれない。また、中村次郎兵衛ら出頭人と、戸川達安・浮田左京亮ら有力家臣との対立を制御し得なかった結果としての宇喜多騒動は、いわゆる「初期御家騒動」の一事例とみなせるだろう。

秀家が統治者・為政者としては失格の烙印を押された出来事こそが、宇喜多騒動であったと評価できるのではなかろうか。

第四章　秀家はなぜ助命されたのか

関ヶ原合戦

慶長五年（一六〇〇）六月十六日、徳川家康は会津の「大老」上杉景勝討伐のために、諸大名の軍勢を従えて大坂城を進発した。景勝による上洛要請の拒絶を、豊臣政権への謀反とみなしたのである。ところが、家康の軍勢が関東に進んだ七月十七日、上方の石田三成・大谷吉継が、前田玄以・増田長盛・長束正家の三「奉行」、宇喜多秀家・毛利輝元の二「大老」を味方につけて挙兵した。彼らは、家康の行動を秀吉の遺言違反として弾劾する「内府ちがいの条々」を各地へ発送し、大坂城の秀頼を推戴、家康の打倒を諸大名に訴えた。家康方の諸将「東軍」は上方へ取って返し、九月十五日、美濃関ヶ原（岐阜県関ケ原町）の地で、三成方の諸将「西軍」との決戦に臨んだ。関ヶ原合戦である。

会戦は当日のうちに決着がついた。「東軍」の完勝に終わった。「西軍」は小早川秀秋の寝返りをきっかけに恐慌をきたして総崩れに至ったという。

いま「西軍」を三成方と書いたが、同時代の人々は、宇喜多秀家もまた敗れた「西軍」の代表的存在と認識していた。決戦当日の九月十五日付で、徳川家康が奥州の伊達政宗に宛てた戦勝報知には、「備前中納言（秀家）・島津（義弘）・小西（行長）・石治部（石田三成）人衆ことごとく討ち捕り候」（伊達家文書）とあって秀家が筆頭に書き上げられている。京都の公家山科言経の日記にも「美濃大柿（大垣）・赤坂等にて大合戦これあり、内府（徳川家康）出張也、内府勝ち也、筑前中納言（小早川秀秋）同心也云々、備前中納言敗北、後日自害」（「言経卿記」九月十五日条）とあって、「西軍」の諸将では唯一、裏切った小早川秀秋を除くと、秀家の動静にのみ言及がある。言経の情報は伝聞であるから、戦場を関ヶ原の東方大垣・赤坂（岐阜県大垣市）としたり、秀家が自害したと記すなど確度は下がるが、勝敗自体やその理由はさすがに間違えようがなかった。家康が小早川秀秋を味方につけて勝利して、秀家が敗れたという。

ともあれ、合戦の当事者・部外者ともに、「西軍」における秀家の存在を大きく捉えている。京都北野社（京都市上京区）の神官が、「石田治部殿（三成）・大谷形部殿（形部吉継）その外、各大名衆打ち死に也」（「北野社家日記」九月十八日条）と記録したように、秀家よりも石田三成・大谷吉継を重視する場合もあるが、家康や山科言経の理解が覆るわけではない。

とすると、ある疑問が浮上する。合戦から約半月後の十月一日、捕縛された「西軍」首脳が京都六条河原において斬首された。処刑されたのは石田三成・小西行長・安国寺恵瓊の三人である。秀家は徳川方の追跡から逃れて九州まで落ちのび、三年を経て家康のいた伏見に出頭するが死罪を免れ、次いで八丈島に配流となる。「西軍」に与した「大老」毛利輝元・上杉景勝の処分が領知削減で終わった理由は、関ヶ原での決戦に加わらなかった事実などから酌量(しゃくりょう)された、と説明すればいい。しかし「東軍」諸将を相手に奮戦し、少なくとも家康が「西軍」諸将の筆頭とみた秀家が、なぜ三成らのような極刑を免(まぬが)れ、天寿を全うできたのか。

疑問をさらに二分する。一つ目は、敗戦後に「東軍」の厳しい捜索を秀家がかいくぐれたのはなぜか。二つ目は、なぜ出頭後に寛大な処分が下されたのか。以下、この問題を筆者なりに明らかにしてみたい。

芳春院像（芳春院蔵）

潜伏する秀家

秀家はなぜ、「東軍」の追跡を免れて逃げおおせたのか。一つの有力な理由は、「はじめに」で紹介した、前田氏関係者による支援であろう。江戸にいた芳春院は、秀家の消息を事細かにつかんでおり、上方にいた娘の春香院とその情報を共有していた。秀家の動向を詳細に知っていた事実は、その潜伏の援助を示唆する。前田利長の関与は確認できないが、秀家が九州へ逃れるまでの期間、芳春院らの支援が秀家の潜伏を助けていたと考えていい。

ほかにも理由はあるだろう。関ヶ原周辺の戦場からどのようにして上方へ逃れたのか。この問題は、前田氏の関係史料からは明らかにできない。秀家が家臣難波秀経（助右衛門）に宛てた次の史料が、その間の消息を伝える、ほぼ唯一の手がかりであろう。

戦場を勇ましく駆る宇喜多秀家（岐阜市立博物館蔵「関ヶ原合戦図屏風」）

（読み下し）

我ら心中、申し置き候間、宜しき様にその心得たのみ入り候、以上、
今度我ら身上の儀に付いて、一命を顧みられず、山中え罷り越され、その以後、方々堪え難き所、付きそい奉公の儀、誠にもって満足の至り、浅からず候、我ら身上成り立ち候わば、その方事、一かどの身躰に相計らうべく候、今度奉公の程、重ねて忘却なく候、向後も我ら身上の儀、諸事由（油）断なく、その心遣い肝要に候、謹言、

（【史料27】〔慶長六年〕五月朔日付難波秀経宛宇喜多秀家書状）

書状の日付は五月朔日、内容から推して慶長六年（一六〇一）、九州の島津氏を頼る以前の発給であろう。自筆と思しき筆跡である。秀家の身柄について、一命を顧みず「山中」から方々の難所に同行して奉公を尽くしたこと、これ以上の満足はない。復権を遂げた暁には、秀経も相応に処遇したい。今度の奉公を忘れはしない。以後もその心得をもって尽力するように。なお、秀家の心中は申し置いた通りであるから、よろしく承知しておかれたい。大意をとると、このようになる（「山中」の理解は後述）。難波秀経が秀家の潜伏を助けた、それ以上の具体的な状況はよくわからない。

となれば、編纂史料をあたるしかない。比較的信頼できる史料をそこで探すと、ご存知「慶長年中卜斎記」、そして元禄三年（一六九〇）に難波秀経の子息（ないし孫）がまとめた覚書「難波経之旧記」が浮上する。前者は、秀家に同行した家臣進藤正次（三左衛門）の談話を収録しており、後者は右の難波秀経から聞いた話を整理した史料と考えられる。いずれも関係者からの情報を伝える点で、信憑性はそれほど低くない。ちなみに、美濃白樫村（岐阜県揖斐川町）の土豪に秀家が匿われたという、著名な伝承を書き留める「美濃国諸旧記」は、成立年代が未詳のうえ、編者（未詳）も秀家とは無関係と考えられる点から、この二つの史料に比べると確度は落ちるとみなければなるまい。

「慶長年中卜斎記」にみる秀家の潜伏状況

それでは「慶長年中卜斎記」から秀家の潜伏状況について考えてみよう。年代は不明だが、駿河府中（静岡市）「鷺の森」近辺にあった小幡直之（孫市郎。一五七七〜一六四八）の屋敷に、城昌茂（和泉守。一五五一〜一六二六）・市橋長勝（下総守。一五五七〜一六二〇）・西尾光教（豊後守。一五四三〜一六一五）・遠藤慶隆（但馬守。一五五〇〜一六三二）、そして秀家の潜伏を助けた進藤正次、板坂卜斎が招かれた。板坂を除き、いずれも家康麾下の武将である。その会合の席において、城昌茂が「備前中納言殿（秀家）合戦に御負け候て以後の事」を進藤に語るよう促したという。板坂はそこで聞いた進藤の談話を書き留めたのである。以下、談話の内容を「慶長年中卜斎記」から整理する。

敗戦後、「伊吹山に小木六・七本、藤葛のまつはりたる隠れ家の様なる所」があった。そこへ「中納言殿（秀家）」を隠した家臣は進藤を含めて七人。具足や刀を捨て肌帷子一つになって山の中に身を隠していた。落ち武者狩りの「地下の人共（土地の住民）」が所々に確認できたという。その時、である。「中納言殿、水を呑みたしと仰せられ候」。秀家はのどが渇いたらしい。

そこで進藤が水を求めて谷へ下り、人を斬った刀を拭った紙であろうか、落ちていた紙を集めて水にひたしていると、「中納言殿御座候所にて人音致しけり」。秀家の居場所で何かあったらしい。湿らせた紙を持ってすぐに谷を登ると、「中納言殿壱人御座して、六人は何方へ参り候やらん見えず」。秀家一人を残して他の家臣六人はいなくなっていた。秀家の脇差も見当たらない（この脇差が後述の「鳥飼国次」であったらしい）。

ともあれ、秀家に水で湿らせた紙を与えたあと、進藤は夜もすがら秀家の手を引き、あるいは秀家を背中に負って活路を求めたという。秀家は「捨て候へと度々仰せられ候」。捨てて行け、と進藤に何度も言ったらしい。山の中をさまよい、翌日には再び「昨日の合戦場へ出で候」。関ヶ原に戻ってきたが、さらに進藤は「御手を引き、または肩に掛け、背に負い」秀家をかばって歩き続けた結果、「江の国北の郡（北近江）」の「去る在所」にたどりついた。すでに日は暮れていたという。そこで一軒の民家を訪ねたところ、この付近では「備前中納言殿御行方御改め（秀家の捜索）」のため、田中吉政・西尾光教や在所の代官による厳しい穿鑿が行われているとのこと。進藤が民家の「御亭主」に会いたいと何度も願い出た結果、その主人が出て来た。進藤いわく、秀家を徳川方に引き渡して褒美をもらってもいい、それは主人の心次第である。「三日食に饑、帷子一つにて寒く、一足も他所へ行き候事ならず、とにもかくにもその方へ任せ候」。三日も食べていない。帷子一つで身も寒く、これ以上よそへは逃げられない。万事任せるから――。

こうした進藤の嘆願が功を奏したのか、民家の主人は「背戸なる牛の部屋（屋敷の裏手にあった牛小屋）」に秀家を匿ってくれた。主人は深夜と朝とにわけて少しずつ粥を与え、他の者にみつからぬよう「深く御忍び候へ」と秀家に語ったらしい。

（読み下し）

この家に二日居り候、なかなか顕われ候が増しと、窮屈・迷惑と亭主へ申し候えば、御顕われ候わば、御身のためには宜しからん、われら一族どもは、いかほど強き御成敗に逢い申すべきや、御堪忍遊ばされ候へと申し上げ候、

（【史料28】「慶長年中卜斎記」）

二日が経った。さすが秀家は肝が据わっているというべきか。窮屈で迷惑、これなら見つかった方がましだと、亭主に文句をたれはじめた。これでは亭主に話をつけた進藤の立場がない。亭主も言い返す。出頭すれば秀家はそれでいいのかもしれない。だが、秀家を匿った我らはどれほどの厳罰をこうむるか。ここは堪忍してください――。

このまま匿われていても埒があかない。進藤は秀家の書状を携えて単身大坂へ戻り、秀家屋敷の台所（「中納言殿御屋敷御台所」）に入って、「御局」すなわち秀家の正室樹正院への取次を頼んだ。関ヶ原合戦後も、上方の秀家屋敷はしばらく維持されていたようである（前掲〈表3〉No.6を参照）［大西二〇一七b］。樹正院は秀家の書状を受け取ると、進藤に黄金二十五枚を渡したという。

大金である。進藤はこの黄金を首にかけて近江へ向かい、例の在所にたどりついた。進藤がその途上、近江の大津を通り過ぎた時期、「大御所様」徳川家康は大津城（滋賀県大津市）に、その先手の軍勢は醍醐（京都市伏見区）・山科（京都市山科区）に陣取っていたという。他の史料によれば、家康の大津滞在は九月二十日から同月二十四日に及んでいる（「義演准后日記」「言経卿記」）。「慶長年中卜斎記」の記事が事実なら、進藤の大津通過日はこの間に絞り込める。

「中納言殿、無為にて御座なされ候」。秀家に別条はなかった。進藤は民家の主人に黄金二十枚を渡し、残る五枚を頼りに、編み笠をかぶせた秀家を駄賃馬に乗せて上方へ向かった。なお、この物語を聞いていた人々はいずれも、秀家を匿った民家の主人は一廉の者であると評したが、進藤はその名も在所も聞きそびれてしまったという。（「亭主は心ある一廉の者と何れも申され候えども、江州にての在所は何方も亭主の名も聞かれ申さず候」）。

秀家は大津・醍醐を経て、伏見京橋（京都市伏見区）からは川船に乗り換えて大坂天満（大阪市北区）に到着。ここまでの路銭は黄金二枚。次いで秀家を薩摩へ落とす算段をつけ、秀家には黄金二枚を渡したという。残る黄金一枚は進藤の懐におさまったらしい。なお、「生まれつきの大名」秀家には黄金一枚の価値もよくわかっていなかったという。

さらに進藤は偽装工作を行う。十月の末、家康の側近本多正純のもとに名乗り出た。「備前中納言殿最期まで添い申し候もの」として出頭した進藤は、その証拠に秀家の脇差「鳥飼国次」が土地の住人に奪われたことを挙げた。脇差が奪われたその前後に秀家が落命したことを匂わせているが、それ以上の情報は「慶長年中卜斎記」にはみられない。もっとも秀家の潜伏を助ける偽装工作なので、その辺りの詮索はここではあまり重要でない。そのあと進藤の案内で伊吹山の山麓をくまなく探した結果、「鳥飼国次」は発見され、進藤の証言も認められたようである。

なお、「寛永諸家系図伝」（進藤氏の項。以下同）によれば、進藤は出頭の結果、秀家への忠義を評価され、家康から黄金百枚を与えられ、さらにその家臣に取り立てられた。進藤は「没落ののちあいしたがうこと三日、其のちゆくえをしらず」と、この出頭時に報告したという。のちに秀家存命が判明して、さきの報告の虚偽が明らかになるが、かえって家康は進藤の忠義に感心したらしい。「宇喜多秀家士帳」によれば、秀家家臣としての進藤正次の分限は六百石。家康から新たに給された知行の高はわからない。

進藤正次の証言は史実か

進藤正次の談話を書き留めた「慶長年中卜斎記」によって、秀家が関ヶ原の戦場から大坂にたどりつくまでの過程がよくわかった。だが、同書の内容がどこまで史実を伝えているのかには議論の余地がある。進藤が徳川家康に取り立てられた事実は「寛永諸家系図伝」からも明らかで、同書の伝える取り立ての経緯や「鳥飼国次」の逸話も「慶長年中卜斎記」の記事とおおむね一致する。さらに「寛永諸家系図伝」を繰ると、秀家の伏見出頭時、本多正純が徳山五兵衛(隠)(助)を介して進藤のことを秀家に尋ねたところ、「関原の辺におひて正次(進藤)、我をかくしたすくる事五十余日なり」と証言したという。敗戦の九月十五日から「五十余日」後は十一月初旬になるが、「慶長年中卜斎記」が伝える進藤の出頭は十月末である。若干齟齬するが、秀家と進藤がともに潜伏した期間についても両書の主張に大きな隔たりはない。

細部はともかく、「寛永諸家系図伝」との比較からいえば、進藤が敗戦後の秀家にしばらく付き従い、そのうえで徳川方に出頭した、という「慶長年中卜斎記」にみえる談話の骨子は、おおよそ史実とみてよかろう。

他の部分はどうか。ひと通り疑うべき点は多い。進藤の談話であるから当然、みずからの行動を誇張して語った可能性もある。たとえば、秀家のために飲み水を求めに行った間に、進藤以外の家臣が消え失せた辺りは怪しい。そのあとの秀家の潜伏や大坂への帰還はすべて進藤一人の手柄になっているが、さすがにこの活躍ぶりは行き過ぎであろう。

そこで別の関係者の証言が活きてくる。さきに紹介した「難波経之旧記」である。同書によると、敗戦後の秀家は伊吹山（近江方面）へ逃れたという。付き従った家臣は七人。ここまでは「慶長年中卜斎記」と齟齬しない。従臣七人の内訳は、芦田作内・進藤正次・森田小伝次の三人と、氏名不詳の四人であるという。難波経之の情報源であるその父（ないし祖父）の秀経（助右衛門）は、後日、秀家を上方へ連れ戻すために迎えに出向く人物なので、この辺りの事情が不鮮明であるのも仕方がない。

七人の家臣のうち、まず芦田作内が脱落した。「芦田作内は御意に入り候わざるゆえ、御手巾を遣わされ、谷底え水取りに遣わされ、その間に御退きならせらるる由也」。秀家の気に沿わないことがあったらしく、手拭いを渡して水を取りに行かせた間に、秀家らは芦田を見捨てて別の場所へ逃れたという。水の話自体は「慶長年中卜斎記」と一致するが、内容はかなり異なっている。そのあと秀家は残る六人の家臣にも暇を与え、つまり別行動をとるよう指示して、「御身ばかり濃州山家の百姓を御頼みならせられ」、美濃の山里にある百姓家を単身頼んだという。進藤が牛小屋と語った潜伏先は、「難波経之旧記」によれば「たのもしき芋穴」である。

そのうちに京都の円融院(えんゆういん)(秀家の母)に秀家の生存が伝えられ、迎えの者が差し向けられた。そのなかに難波秀経や、のちに加賀藩に仕える本多政重(まさしげ)がいたという。「慶長年中卜斎記」では進藤一人がこの大役を果たしたわけだが、「難波経之旧記」によれば家臣複数人による仕事である。蓋然性の高さでは「慶長年中卜斎記」よりも「難波経之旧記」の伝承の方が勝っていよう。ともあれ、迎えの者は美濃へ向かって無事に秀家と再会し、これを上方へ連れ戻したうえ、難波秀経が泉州堺に匿ったという。先に引用した(慶長六年)五月朔日付の書状は、かくて堺に潜伏した秀家が九州下向に先立って執筆したものらしい(難波文書)。「難波経之旧記」は「泉州堺にて秀家公、秀経にも御感(ぎょかん)の御書頂戴、今に所持仕る事」と明記する。

以上、難波秀経の子孫による「難波経之旧記」のあらすじを、進藤の談話「慶長年中卜斎記」と引き比べながらたどってみた。さまざまな違いはさておき、史実の基本線がより明確化できそうである。すなわち敗戦後の秀家がまず近江方面へ逃れ、次いで在地の百姓家を頼って潜伏したこと、そのあと秀家の家臣が迎えに来て秀家が上方へ移された、という両書の共通点は、史実の投影とみてよかろう。

ただ、秀家が頼った百姓家を、「慶長年中卜斎記」は近江の北部と述べ、「難波経之旧記」は関ヶ原西部の美濃「山中（山中村。岐阜県関ヶ原町）」と伝えている。逃れた方角は近江方面、ということで両説一致しているが、伊吹山を越えて近江までたどりついたか、伊吹山を望む山中村辺りに隠れたのかは、これだけでは結論が出せそうにない。

そこで先に引用した難波秀経宛の秀家書状が効いてくる。素性の良い編纂史料の記事を踏まえてこれを読むと、秀家の潜伏先を明らかにできよう。「今度我ら身上の儀に付いて、一命を顧みられず、山中え罷り越され、その以後、方々堪え難き所、付きそい奉公の儀、……」（難波文書）という部分に注目されたい。敗戦後、秀家を助けるために一命を捨てて「山中」へ迎えに来て、以後、方々の難所に付き従って奉公を尽くしてくれた、と解釈できる。「山中」はこの場合、山中村と理解するのが自然であろう。その「山中」へ難波秀経が「罷り越され」たことが、秀家自身の筆をもって語られている点を重視したい。すなわち、潜伏先については「慶長年中卜斎記」の北近江の某所ではなく、「難波経之旧記」および秀家の書状が伝える美濃「山中」（山中村）とみていいだろう。

なお、「美濃国諸旧記」には、十月の末まで美濃白樫村の郷士矢野五右衛門（やのごえもん）が秀家を匿ったという記事がみえるが、伝説以上の評価は難しい。同書の成立に、この出来事を直接見知った人物の関与が見出せない点、さらに右に推測した潜伏先の山中村と白樫村とが明らかに遠く隔たっている点から考えると、少なくとも秀家の潜伏経緯については「慶長年中卜斎記」「難波経之旧記」の叙述に比べて著しく信憑性が劣るといわざるを得ない。

「美濃国諸旧記」は、成立年代も編者もわからない。成立年代は木下聡氏の指摘通り、近世中期以降であろう［木下二〇二〇］。美濃の地誌や歴史をまとめた同書の編者は、備前岡山の大名秀家とは無縁の人物かと考えられる。しかも、秀家をめぐる「容貌気高くして大将の出立なり、いかさま只人にてはあらじ」といった表現には、史実の記録という面よりも、物語的脚色を優先させる執筆態度が明らかにみてとれる。秀家に従っていた家臣が「近藤三左衛門尉」（おそらく進藤三左衛門の誤記）・黒田勘十郎の二人という点も、随行者を七人とする「慶長年中卜斎記」や「難波経之旧記」とは食い違う。しかも「慶長年中卜斎記」「難波経之旧記」に登場する進藤正次（六〇〇石）・芦田作内（八〇〇石）・森田小伝次（五〇〇石）・難波秀経（助右衛門・宗太郎。三〇〇石）がいずれも秀家の家臣として「宇喜多秀家士帳」に確認できる一方、「黒田勘十郎」の素性は一切不明である。

敗走する秀家主従の目指す先は、保護を求められるみずからの拠点、すなわち血族縁者や家臣のいる京都・伏見ないし大坂のほかにはない。その点から考えても、関ヶ原の西方へ向かったはずであって、実際に秀家の書状をみてもその潜伏先は関ヶ原の西部山中村であった。いかに落ち武者とはいえ、「美濃国諸旧記」のいうように、明らかに上方とは別方向、関ヶ原の東北の白樫村に秀家主従が隠れるのは、この視点からいっても違和感がある。あえなく徳川方に捕縛された石田三成・小西行長・安国寺恵瓊はいずれも敗戦後、戦場の西方へ向かったらしく、三成は伊吹山を越え、恵瓊に至っては京都まで逃れている。

ともあれ、間接的ながら当事者の証言に基づく「慶長年中卜斎記」「難波経之旧記」の記事を退けてまで、両書と明らかに食い違う「美濃国諸旧記」の内容を信じる積極的な、そして納得できる理由は現時点では見当たらない。

秀家の幸運

敗北後の秀家について考えている。なぜ秀家は逃げおおせたのか。進藤正次や難波秀経らの奔走に加え、上方においても前田氏関係者の援助が得られた幸運が重なったから、とひとまずは見通せそうである。

さらにもう一つの幸運が重なっていた。関ヶ原合戦後の徳川方による探索は、短期間のうちに石田三成・小西行長らが捕縛された事実からも、厳重を極めたことが推測できる。だが、秀家の場合には追捕の手が緩められた可能性がある。例の板坂卜斎が、関ヶ原の有力者から直接聞いた次のような逸話を「慶長年中卜斎記」から紹介しておく。

慶長六年（一六〇一）の秋、板坂卜斎および城昌茂・信茂父子の一行が江戸へ向かう途中、木曾路にかかった時のこと。「関ヶ原庄 屋所」に宿をとった彼らは、その「六十余の入道」であった「亭主（おそらくは庄屋を指す）」から、前年の落ち武者狩りをめぐる委細を聞いた。在地の有力者であった「亭主」は、地元の百姓たちに、「落人を剝ぎ取り、侍を軽しめ申す事あるべからず、大形にいたし候へ」と指示したという。落ち武者から（武具や所持品を）剝ぎ取ったり、彼らを侍として辱めるような行為は行わず、捜索は程々にとどめるように、との意味合いである。小西行長の身柄を徳川方に引き渡したのも「亭主」であったが、それは小西が「内府（家康）へ連れて行き、褒美を取れ」といさぎよく申し出たからであった。なぜ「亭主」は捜索に手心を加えたのか。その理由は次のように説明される。

【史料29】「慶長年中卜斎記」

（読み下し）

本多上野介（正純）殿御舎弟、備前中納言（秀家）殿に御奉公、もしこの人など、むざと賤しめ候わば、後日に在所の煩いに罷りなるべきやと内存にて、落人強くいたし候事無用と申し候、

秀家の家臣に家康の側近本多正純の実弟がいる。のちに加賀藩前田家に仕えて五万石、年

寄役として重きをなした本多政重である。落ち武者狩りの過程でもし、本多政重をさげすみ、けなすようなことがあれば、後々在所にとって不都合が起こるのではないか。何らかの処罰をこうむる可能性がある。そう「亭主」は考えて、厳重な落ち武者狩りは無用と戒めたという。

なるほど秀家は幸運であった。はっきりした経緯や時期は不明だが、関ヶ原合戦の直前に、秀家は本多政重を召し抱えていた［大西二〇一二a］。それが在地の有力者を牽制する結果をもたらしたらしい。進藤の談話とは違い、こちらは板坂本人による直接の見聞談である。逸話自体の信憑性は高いといえよう。

九州への亡命から八丈島配流まで

次いで〈表9〉にまとめた同時代史料をもとに、秀家の九州亡命から八丈島配流までの事実関係を確認してみよう（以下、史料名に〈表9〉と対応するNo.を付す）。慶長六年（一六〇一）六月の初頭、秀家は薩摩半島の山川湊に到着した［以下、大西二〇一五・二〇一八b］。上方から海路をとったと推定できる。島津氏はさっそく事態の対応に追われた。六月六日、大名島津氏の意思決定を担う三人、当主忠恒（ただつね）（のち家久（いえひさ）。義弘（よしひろ）の息子）と島津義久（龍伯（りゅうはく））・義弘

〈表９〉宇喜多秀家関係文書一覧（関ヶ原合戦以後、八丈島配流以前）

No.	年月日	差出	宛所	典拠
1	（慶長６）5/1	秀家	難波秀経	難波文書
2	（慶長６）6/6	島津義弘	島津忠恒	旧記1513
3	（慶長６）6/6	島津忠恒	島津義弘	旧記1514
4	（慶長６）6/29	休復	島津忠恒	島1978・旧記1516
5	（慶長７～８）5/13	休復	難波秀経	難波文書
6	（慶長６）8/2	鎌田政近	伊勢貞昌／本田親商／喜入久正	旧記1529
7	（慶長８）卯/5	島津義弘	島津忠恒	旧記1806
8	（慶長８）7/26	島津義久	島津義弘	旧記1845
9	（慶長８）7/晦	島津義弘	島津忠恒	旧記1846
10	（慶長８）8/5	島津義弘	島津忠恒	旧記1847
11	（慶長８）8/14	山口直友	島津忠恒	島2004・旧記1850
12	（慶長８）8/20	島津忠恒	西笑承兌	武家手鑑
13	（慶長８）8/28	休復	西笑承兌	「西笑和尚文案」紙背文書
14	（慶長８）9/2	比志島国貞	樺山久高／鎌田政近	旧記1855
15	（慶長８）9/2	山口直友	島津義久	旧記1856
16	（慶長８）9/5	閑室元佶	島津義久／島津忠恒	旧記1859
17	（慶長８）9/7	比志島国貞	島津忠長／樺山久高／鎌田政近	旧記1863
18	（慶長８）9/9	山口直友	島津忠恒	島489
19	（慶長８）9/20	山口直友	島津忠恒	旧記1866
20	（慶長８）9/27	（島津義久）	山口直友	旧記1867
21	（慶長８）10/朔	島津義弘	島津忠恒	旧記1871
22	（慶長８）10/18	（島津義久）	細川幽斎	旧記1872
23	慶長８/11/18	島津忠恒	桂太郎兵衛尉	旧記1889
24	（慶長８）12/5	山口直友	島津忠恒	旧記1891
25	（慶長８）12/6	閑室元佶	島津忠恒	旧記1892
26	（慶長８）12/6	西笑承兌	島津忠恒	島2011
27	（慶長８）極/28	本多正純	島津忠恒	島2014・旧記1897
28	（慶長８）極/28	本多正純	島津義弘	島491・旧記1899
29	（慶長９）正/12	本多正信	島津忠恒	島492・旧記1904

＊［大西2015］所収の表に加筆して転載
＊差出・宛所：秀家（休復）以外は、「薩摩少将」→島津忠恒のように、一般的に理解しやすい人名表記に改めた
＊典拠：『島津家文書』は「島」、『鹿児島県史料 旧記雑録後編』三所収史料は「旧記」と略記して、刊本の文書番号を付記
＊〈表３〉「村井文書」所収史料は除外

（惟新）兄弟が相互に連絡をとり、秀家の受け入れを決定した。その理由は、忠恒が義弘宛の書状のなかで「何たる事どもにて候や（どういうことであろうか）」といぶかしみながらも、「いろいろうらかた」すなわちさまざまな占いの結果が「めでたき事」であったからと述べている（No.3「旧記雑録後編」）。秀家が、忠恒への感謝の意を「誠にもってかたじけなき次第」云々と書状にしたためたのは六月二十九日である（No.4島津家文書）。そして、秀家がこれ以前「成元」と改め、さらに何らかの事情で「休復」とさらに改めた事実もこの書状から判明する。おそらく出家したのであろう。以降およそ二年間、秀家は島津氏の庇護下に入り、大隅牛根（鹿児島県垂水市）に隠れ住んだらしい（No.10「旧記雑録後編」）。

慶長七年十二月、徳川・島津両氏の講和が成立した。同年四月、すでに徳川家康は島津氏の本領安堵や義弘の赦免を認めていたが（島津家文書）、正式な講和の成立には当主忠恒が上洛して家康と対面する必要があった。この出来事が、秀家出頭のきっかけである。上洛した忠恒は、秀家の亡命を徳川方に打ち明け、その処遇について伺いを立てたらしい（「当代記」）。一命を助けられたい、と訴えたともいう（「島津家譜」）。詳細は詰めきれないが、翌慶長八年八月に、いよいよ秀家が伏見へ向かう段になると、確かに忠恒は秀家助命に動き始める。

秀家が潜伏先の大隅牛根を発ったのは八月六日（No.10「旧記雑録後編」）。同行した忠恒の家臣桂太郎兵衛は警護役、禅僧南浦文之は各方面への折衝役であろう。八月二十日には忠

島津義弘像（尚古集成館蔵）

島津忠恒像（尚古集成館蔵）

恒が相国寺の禅僧西笑承兌に宛てて書簡をしたためた。秀家助命に向けた奔走依頼である。家康の家臣本多正純・山口直友にも（秀家助命の件を）願い出ているので、両者と談合して尽力されたい（No.12「武家手鑑」）。後述するように懇願といえる。

八月二十七日、伏見に到着した秀家は山口直友の屋敷に入り（No.15「旧記雑録後編」）、その翌日には西笑承兌に出頭の意図を伝え、禅僧の閑室元佶（円光寺）とも相談して自身の赦免に向けての尽力を要請した。秀家と承兌とは旧知の仲であった。秀家の書状にも出頭の理由を「一命の御侘言」のためと明記している（No.13「西笑和尚文案」）。

九月二日、家康は秀家助命を決定した。駿河久能（くのう）（静岡市駿河区）への移送という寛大な処分であった。しかも実際のところ、秀家の身柄は万事不便な久能ではなく、駿府城（静岡市葵区）の二ノ丸に移されることになったという。島津忠恒や秀家本人、さらに本多正純・山口直友が運動した結果といえよう。禅僧の西笑承兌や閑室元佶も何ほどかの尽力したようである。秀家はすぐさま移送先の駿河に向けて出立した（№14・№15「旧記雑録後編」）。

だが、秀家の居場所はその後、八丈島に変更される。変更の経緯はまったく不明であるし、配流の年月も編纂史料でしか明らかにしえないが、ともかくも秀家は駿府から下田（しもだ）（静岡県下田市）へ移され、そして息子二人（孫九郎秀隆・小平次）やわずかな随行者をともなって八丈島へと流された。慶長十一年四月のことらしい（「慶長年中卜斎記」「八丈島記事」「譜牒余録後編」）。

島津氏をめぐる疑問

ここまで、秀家が島津氏の領国に亡命し、約二年の潜伏期間を経て伏見へ出頭、助命の沙汰を得て、駿河そして八丈島へ流される経緯を眺めてみた。より細かい事実関係にご興味の向きは過去の拙著［大西二〇一五・二〇一八b］をご確認いただきたい。以下で論じたいのは、そういう史実よりも、秀家がその時々で選択した行為の背景である。

問題は大きく二つ。一つ目は、なぜ島津氏を頼ったのか、ということ。二つ目は、島津氏を頼った秀家に成算があったのかどうか、である。さらに後者に絡んで、島津氏がなぜ秀家の望む行動、すなわち秀家の保護と助命嘆願への尽力に努めたのか、も考えてみたい。

まず、問題の一つ目、秀家はなぜ島津氏を頼ったのか。関ヶ原合戦において島津氏は秀家と同じく「西軍」に属し、関ヶ原本戦にも島津義弘が参加している。そのため、合戦直後の慶長五年（一六〇〇）九月～十月には、徳川秀忠による島津攻めが計画された。「薩摩への行」「薩摩御陣」と呼ばれたこの軍事行動はしかし、延引のうえ立ち消えになった（毛利家文書・島津家文書・堀文書）。徳川方との講和成立は前述の通り、慶長七年の末を待つ必要がある。島津氏は日本国内にあって唯一、武装中立ともいえる立場にあった。その領国は、徳川方に追われる秀家にすれば恰好の潜伏先といっていい［大西二〇一五・二〇一九b］。

おそらく、秀家には正室の実家前田氏の領国へ逃れる選択肢はなかった。芳春院や春香院といった前田氏関係者は秀家の動向を逐一把握し、その潜伏を助けていたのだろう。だが、秀家の情報は彼女たちの往復書簡にしか現われない。秀家に対する義兄前田利長の考えや行動は一切不明である。そもそも、石田三成の挙兵から関ヶ原合戦に至る時期、利長の態度は家康への従属で一貫していた。戦後は上洛して島津攻めの先手を望んだともいう（「利長公御代之おぼえ書」)。利長は家康に極めて従順であった。

事実上、徳川家康の覇権が固まったとはいえ、豊臣秀頼はなお健在で、大坂城を拠点に上方を押さえている。大坂・京都・伏見といった上方はこの時期、政治的特殊地帯であった。秀家の潜伏はだからこそ可能であったとみられるし、芳春院や春香院にこの人物を支援する余地も生じたのであろう。

上方以外の大名領国にはそうした余裕がない。秀家を領国内に匿うとなれば、追及をうけた場合の言い逃れが難しい。秀家は前田利長の態度や立場を理解すればこそ、これを頼らなかったと考えられる。

徳川方でなくとも、秀家の潜伏先候補として、縁続きの前田氏を疑うのは自然な判断である。秀家が九州に亡命した時期、島津氏は京都・大坂の風評を調査していた。その結果つかんだ情報は「備前之宰相(秀家)殿は御はて候とも申し、また景勝(上杉)・前田肥前守(利長)殿間を御頼み候なども申し候、御はて候が治定(じじょう)に候やと、過半沙汰にて候」(No.6「旧記雑録後編」)。つまり京都・大坂では、ほとんどの者は秀家死亡説を採っているが、上杉景勝ないし前田利長が秀家を匿っている、との取沙汰もあった。上杉氏はともかく、秀家は前田氏を頼るはず、という世間の観察は確かにあった。

前田氏を頼るのはむしろ危険といえる。こうした場合は、特に縁故のない相手を、それも捜索の手が届きにくい遠方の何者かを頼った方がいい。そこで選択されたのが、上方以外で徳川方の勢力が及ばない唯一の地域、島津氏の領国であったのではなかろうか。

生存と復権

敗戦後の秀家は生きることに執着し、復権を希望したようである。秀家本人の言葉に耳を傾けると、さきに挙げた難波秀経への書状では、他日の復権を語って秀経を取り立てる意向を示していた（No.1難波文書）。同じく「難助右」こと秀経に宛てた次の書状でも、その意志は明らかであろう。五月十三日付、署名には「休復」とある（No.5難波文書）。

（読み下し）

なおなお、これより一両度、つぶさに書状をもって申し候つる、定めて相届き候や、ついにこの方へ恐らくは書状も到来なく候、まず上々の在所、都とおく（遠）へだたり候由に候間、定めてびんぎ（便宜）も不案たるべきゆえと存ず事に候、さてさて数年の難堪ども、御推量あるべく候、なにとぞ候て一命御赦免なされ候て、今一度、面に及ぶこともがなと存念まで候、かしく、幸便（こうびん）の条申せしめ候、やや久しく相隔たり、さてさてゆかしく存じ候、ここもと今日までは別条なく候間、まずもって御心安かるべく候、もっとも切々、書状をもってなりとも申したき内存に候、便宜浅からざるといえども、近々にこれなきゆえ、心底に任せず候、もちろん忠恩のほど、朝昏（ちょうこん）いささかもって忘却なく候、なお「ゑんゆふ（円融院）」まで申し候間、相伝えらるべく候、恐々謹言、

（【史料30】年未詳五月十三日付難波秀経宛宇喜多秀家書状）

まず「幸便」云々は書き出しの定型文句である。以下、大意をとってみよう。

やや久しくご無沙汰でなつかしい。こちらは今日まで別条ないから、まずは安心されたい。とはいえ、しばしば書状などで（近況や考えを）伝えたく思っている。都合がつかないわけではないが、（難波秀経の在所とは）近くないので思うに任せない。もちろん（秀経の）忠義や（秀経からうけた）恩義は、朝から晩まで片時も忘れることはない。なお円融院（秀家の母）にも書状を送ったので、宜しく伝えてほしい。そして「恐々謹言」は結びの定型句の一つである。

冒頭の「なおなお」以下が追伸である。こちらから一両度、詳しく書状を送ったが、確かに届いたであろうか。いまだにこちらには恐らく返信は来ていない。まずは上々の在所なが

ら、京都から遠く隔たり、地元の勝手もよくわからないから（書状の往来がとぎれがちになる）と思う。それにしても、ここ数年の困難のほどを推察されたい。なんとか一命を助かって、もう一度会いたいと考えている。かしく。ちなみに「京都から遠く隔たり」という箇所から推せば、秀経の所在地は京都である。慶長八年春頃の在京が知られる円融院も、秀経同様に京都にいたのであろう［大西二〇一九b］。

秀家は島津氏を頼るにあたって「成元」、次いで「休復」と改めた（No.4島津家文書）。「一命御赦免なされ候て……」、すなわち赦免されたら会いたい、という文言があるので徳川方への出頭以前である。したがってこの書状は、慶長六年（一六〇一）六月以降、秀家が大隅牛根に匿われていた時期の発給とみていい。慶長七年か同八年の五月十三日である。

難波秀経に宛てた秀家の、おそらくは自筆の書状が語る内容は、当人の率直な心情を示していて興味深い。秀家は生きのびて、さらに大名への復帰を目指していたかのようである。それは「成元」「休復」という号にも明瞭であろう。二通の書状を踏まえれば、「元」に「成」る、あるいは「休」んで「復」する、と読めるその号に、秀家は他日の望みをかけていたのではなかろうか［大西二〇一七a・二〇一八b］。

論拠は関ヶ原敗戦後の史料に限られるが、秀家という人物はなかなか情熱的である。生き抜こうという意志を守り通した点で、志操堅固な人物だったともいえよう。しかし、相反するようだが、秀家には短気の節もある。性格分析に必須の、私的な内容が記された書状類は、秀家の場合ほとんど残されていない。没落した大名の悲哀というべきか。一六〇〇通あまりの発給文書が残る義兄前田利長とは比ぶべくもない。難波秀経宛の書状二通は、秀家の動向もそうだが、その性格を考える上でも、数少ない貴重な史料といえる。

ちなみに、この難波氏をめぐっては、「旧臣・難波氏は、薩摩で秀家と面会を果たした記録が残っている」（［渡邊二〇一九］二八七頁）とか、「難波氏は秀家が八丈島に流された後、備前国西大寺から舟に乗り、秀家との面会を果たした」（［渡邊二〇一一］二七八頁。［渡邊二〇一七］二二八頁にも同様の指摘がある）などと、薩摩や八丈島で旧主秀家と再会したとの主張もあるが、いずれも「難波文書」などの残存史料からそういう事実は確認できない。史料の誤読とも考え難いので、いずれも空想の産物であろう。

それはそれとして、わずかな残存史料をかき集めると、秀家の気の短さが浮かび上がってくる。

天正二十年（文禄元年。一五九二）に開始された秀吉による第一次朝鮮出兵時、五月に朝鮮の首都漢城に入った秀家は、その翌月、同地への駐留や後方支援にあきたらず、前線に出たい、明国への先駆けを行いたいと秀吉に訴えた。家臣花房秀成を通じて「都に相残る儀迷惑」と、与えられた役割に不快感を示したのである（成仏寺文書）。

これは戦場での勇ましさというよりも、血気(けつき)に逸(はや)っていたようにみえる。秀家は当時、二十一歳である。

引き続き、第一次朝鮮出兵時のことだが、文禄二年三月、肥前名護屋（佐賀県唐津市）にあった秀吉は、前線の秀家に四人の補佐役をつけ、秀家が軽率な行動をとらないよう注意を促した。「備前宰相若く候間（秀家は若いから）」と危ぶんだのである。補佐役による忠告を聞かなければ、ありのままこちらに伝えよ、とも秀吉は念を押す（浅野家文書）。秀吉を不安視させたのは、秀家の若さゆえの血気と軽々しさであったらしい。

時代が下って関ヶ原の敗戦後、進藤正次らの奔走で秀家が百姓家を頼った場面を思い出してほしい。「慶長年中卜斎記」の内容を信じれば、匿われて二日目には、秀家は早くも窮屈で迷惑、見つかった方がまし、と文句をたれはじめて、百姓家の主人を慌てさせていた。生き抜く意志はあるのだが、必ずしも我慢強くはなく、気の短めな人柄が垣間見える。

そして、島津氏の領国に匿われていた大隅牛根時代のこと。例の「難波経之旧記」には、徳川方への出頭を、みずから望んだという逸話がみえる。島津氏はゆるりと滞留するよう秀家を押し留めたが、「久しき家を我ら絶やし申す事、いやに思(おぼ)し食(め)し、無理に御上り候由(よし)也」、すなわち長く続いた家名——大名としては父直家が興した家名なので、長く続いたとは言い難いが——を自分の代で絶やすことは嫌である、とこの申し出を拒否して、無理に上洛したという。あくまでも伝承ながら、そういう秀家の言動があったとすれば、潜伏生活に耐えきれなくなった秀家の短気がここにも現われていそうである。

これらを総合すると、いったん固めた意思は押し通すが短気。秀家にはそういう人物像を結ぶことができる。叔父の宇喜多忠家とその息子、つまり秀家の従兄弟浮田左京亮も、筆者のみるところ短気な人物であった［大西二〇〇五・二〇一〇・二〇一九b］。忠家・左京亮親子の場合は、短気を通り越して奇矯（ききょう）というべき性格の持ち主だが、秀家もまた似たような気性であったといえよう。秀家の性格分析はとりあえずここまで。

関ヶ原敗戦後における秀家の考えや願いは赦免と復権とにあった。ただ、ここまでの検討からは引き出せない具体的な秀家の考えや気持ちが語られる場合がある。駿河久能への移送に言及して「当初秀家は、「奥州の果て」にでも流されるかと心配していたようであるが、「程近い」所で安心した様子がうかがえる」（［渡邊二〇一二］二八〇頁）という指摘である。この主張者は以後、これと一言一句異なることなく同じ主張を繰り返したり（［渡邊二〇一八］二四九頁）、「当初、秀家は「奥州の果て」に流されることを憂慮していたという」（［渡邊二〇一四］一五七頁、［渡邊二〇一五］二三一頁）、「当初、秀家は「奥州の果て」にでも流されるかと心配していたと伝わる」（［渡邊二〇一七］二三一頁）と表現を若干変えつつ、ほぼ毎年のように版元を変えながら同じ主張を展開する。

なぜか根拠は明示されないが、筆者の知る限り、「奥州の果て」「程近い」という二つの文句がみえる史料は〈表9〉内の比志島国貞(ひしじまくにさだ)の書状(No.14)しかない。比志島の語るところは、後述するように「奥州の果てに流されても仕方のないところを、ほど近い場所への移送で済んだのは、島津氏の手柄であると、多くの人々のうちで大変な評判になっている」である。少なくともこの書状のなかに、秀家の気持ちや言葉を述べた部分はない。したがって、遺憾ながら、「当初秀家は、「奥州の果て」にでも流されるかと心配していたようである」説は、史料の誤読か、創作の類というほかなく、成り立つ余地はない。

成算があった秀家

秀家がなぜ落武者狩りや徳川方の追捕を免れ得たのか、という疑問は、前田氏関係者の関与や幸運な偶然の積み重ねから大体の説明をつけた。だが、なぜ島津氏が秀家を匿ったのか、そして秀家の助命になぜ島津氏がかくも骨を折ったのか、という二つ目の問題は依然としてすっきり解決していない。

さきに引いた島津忠恒から禅僧西笑承兌への書状を思い出されたい。忠恒は秀家助命への尽力を承兌に求めていた。秀家自身も動いたが、それ以上に、島津氏はとにかく秀家助命のために奔走した。その結果が秀家助命であった。なにが島津氏を突き動かしたのか。この疑問を解くには、史料そのものに沈潜したうえで、当時の社会状況や、人々のものの考え方に目を向ける必要があるのではなかろうか。

そこで気にかかるのが、前近代に存在した駆け込みをめぐる慣行である。笠谷和比古氏は、近世社会には、殺人に及んだ武士が第三者の武家屋敷に保護を求めて駆け込んだ場合、屋敷の主人は事態の詳細を問わず、これを匿い、身柄の引き渡しを拒むという慣行が存在したとする。武家屋敷が法的な独立性、現代風にいえば、治外法権的な領域を形成していたから、他者の介入をはねかえすことができた。これが笠谷氏のいう「武家屋敷駆込慣行」である。しかし、なぜ罪科ある武士をあえて匿うのか。

笠谷氏はこの理由を武士の心性に求めた。窮地にあって助けを求めてきた武士に対し、「最大級の義気」をもってこれを保護することこそ「武士道的義務」であるという（[笠谷一九九三]　一一八頁）。慶長十六年（一六一一）に在京の諸大名が提出した三か条誓紙以降、謀反人や殺害人の保護は禁制であったが、武士道の実践行為として「武家屋敷駆込慣行」は存在し続けたらしい（ただし、笠谷氏の分析は十八世紀なかばまでの事例にとどまる）。

そういう慣習は時代を遡っても存在した。文明十七年（一四八五）、洛中において土一揆を率いていた三好之長を匿い、之長の室町幕府への引き渡しを拒絶した細川政之や、享禄五年（一五三二）、禁裏の下仕えの者を斬り殺した公家の和気業家を匿い、後奈良天皇からの引き渡し要請をもはねつけた公家の正親町実胤の事例などを挙げて、清水克行氏は、中世社会にも駆け込み者を保護する慣習のあったことを指摘した［清水二〇〇六］。ただし、近世の「武家屋敷駆込慣行」の祖型と思しきこれらの事例は、笠谷氏の理解では説明がつかないともいう。独立した法圏は武家屋敷以外にも存在したし、駆け込み事例も武家に限定されない。したがって、武士道的な考え方ですべて解き明かすのはあたらない。もっと普遍的な「憑む（頼む）」という、中世社会では「相手の支配下に属する」ことをすら含意する心性に根差した行為なのではあるまいか、というのが清水氏の見立てである。

屋形に駆け込んだ者たちは、自己の人格のすべてをその家の主人に捧げ、「相手の支配下に属する」ことを宣言したのであり、これにより主人の側はたとえ相手が初対面のものであったとしても、彼らの主人として彼を「扶持」（保護）する義務が生じた、と、当時の人々は考えていたようなのである。

（［清水二〇〇六］五八頁）

中世の人々は「頼まれた以上断われない」。それが清水氏の断案である。

そうした行動様式は、近世社会にも引き継がれた。笠谷説を批判的に練り直した谷口眞子氏によれば、駆け込むのは武士や武家奉公人に限らず、百姓や職人にも及んだこと、駆け込む場所も武家屋敷のほか、城郭や寺院、大庄屋宅など幅広く存在した事実を指摘して、匿う側の理屈を武士道的正義によって説明することに疑問を呈し、むしろ法的秩序の問題として捉えるべきとした。しかも、近世前期には確かに引き渡し拒否という笠谷説通りの対応もみられるが、時代が降るにつれて（「一八世紀にさしかかる頃には」九七頁）、屋敷の主人は駆け込んできた者をその親族や主人に引き取らせたり、これに路銭を渡して逃がす方が一般化したという［谷口二〇〇七］。

駆け込み事例は秀家の周辺にも見出せる。関ヶ原合戦後、石見津和野（島根県津和野町）の大名になった秀家の従兄弟浮田左京亮（坂崎出羽守）にまつわる出来事である。坂崎左門なる家臣が出奔した。左門は、左京亮の父忠家（安津）を頼り、さらに伊勢安濃津（三重県津市）の大名富田信高を頼ったという。信高は忠家の娘婿だから左京亮の義兄弟にあたる。また、左門は信高の屋敷ではなく、信高の所領に駆け込んだらしい。左京亮は信高に左門の引き渡しを求めるが、信高はこれを拒み続ける。慶長十年に幕府に持ち込まれたこの紛争は、同十八年に左京亮の勝訴に終わり、信高はこの当時の所領伊予宇和島（愛媛県宇和島市）を没収され、さらに同じく忠家の娘婿で左京亮の義兄弟高橋元種も、この紛争に連座して日向縣（宮崎県延岡市）の所領を召し上げられた（「富田宗清覚書」「高橋家覚書」等）〔大西二〇一〇・二〇一九b〕。富田信高・高橋元種両人は「頼まれた以上断われない」状況に追い込まれて家名断絶に至ったのである。

以上をまとめよう。刃傷沙汰など何らかの事情で窮地に陥った者が、第三者の屋敷や領地などに駆け込んで保護を求めるという行為は、中世・近世を通じて存在した。そして近世初頭までは、屋敷の主人や土地の領主が駆け込んできた者を保護して、追手への引き渡しを拒否することがあったらしい。

保護する方の理屈は、おそらく「頼まれた以上断われない」という清水氏の理解が言い得て妙であろう。また、駆け込みの問題を刃傷沙汰と武家屋敷に局限して捉えた笠谷氏の理解は、確かに見直すべきだが、当事者が武士であった場合、武士道的正義感に「憑む（頼む）」理屈が溶け込んで、武門の名誉にかけて守り抜く、という行為に結びついた可能性もある。

島津氏を頼った秀家に事態打開の成算はあったのか。薩摩山川湊に到着するまでは、島津氏の出方は予測不能であったと思える。だが、亡命を許容された時点で秀家の助命はほぼ固まったというのが私見である。つまり秀家には成算があった。島津氏を「頼まれた以上断われない」状況に追い込んだのである。

薩摩武士の心性

島津氏が秀家を保護したうえ、その助命に奔走した背景には、中・近世の人々、ことに武士の心性やそれに根差す武家社会の行動様式が想定できそうである。「頼まれた以上断われない」、頼んできた者は是が非でも助ける、という彼らの、無意識裡の心の働きである。島津忠恒らにも、そういう認識が確かにあった。さきに触れた西笑承兌宛の忠恒書状を読み解いてみよう。秀家が大隅牛根を発って伏見へ向かっていた慶長八年（一六〇三）八月二十日付の書状である（No.12「武家手鑑」）。

（読み下し）※傍線は筆者による

備前前の中納言、不意にこの国へ走り入られ候間、了簡に及ばず抱え置き候て、公儀へ披露致し、種々御侘び申し候といえども、手前においては事済まず候間、一命をなげうち御侘びのため罷り上られ候、一旦の罪は遁れなく候といえども、哀れ広大の御慈悲をもって、遠島、遠国の端へなりとも、命ばかり助け置かれ候様に、御前の御償、ひとえに仰ぐ所に候、（中略）彼方へ連々何の仔細も御座なく候間、拙者として気遣い申

すところにあらず候といえども、一度相頼まれ候条、御許容においては、面目たるべく候、

（現代語訳）

秀家が不意に領国内に駆け込んできたため、深く考えることもなく匿って面倒をみてきた。「公儀（徳川方）」へ報告して、いろいろと謝罪は尽くしたが、当方（島津忠恒）では事を解決できないので、（秀家が）一命をなげうって謝罪のために出頭する。一時の罪は免れないだろうが、（秀家を）哀れんで広大のお慈悲の心をもって、遠島か、遠国の端への配流でも構わないので、一命だけは助かるよう御前における（家康に対する）赦免運動を、ひたすらにお願いしたい。（中略）秀家には過去から現在に至るまで、特に（庇護する）事情はなく、こちらが尽力する必要もないのだが、一度頼まれた以上、（秀家の）赦免が実現したのならば、（島津氏にとって）世間に対する名誉となる。

【史料31】〔慶長八年〕八月二十日付西笑承兌宛島津忠恒書状）

忠恒は以上の文面に続けて、本多正純・山口直友にも（秀家助命の件を）願い出ているので、両者と談合して尽力してほしいともつけ加えた。前述した通りである。

ここで注視すべきは傍線を引いた二か所である。まず「不意にこの国へ走り入られ候間、了簡に及ばず抱え置き候て」、そして「彼方へ連々何の仔細も御座なく候間……」以下の部分である。忠恒としては、突然亡命してきた秀家を、特に深く検討もせずに受け入れ、別に面倒をみる必要もない秀家に対し、一度頼まれた以上は、島津氏の面目のためにも助命にまで事態をもっていきたい、というのである。さきにみた駆け込み者の保護と同様の思考様式が、ここに明瞭にあらわれている。

また、「抱え置く」という部分を「匿って面倒をみてきた」と意訳したが、語句自体の意味合いは「召し抱える」「召し遣う」といったところ。要するに「抱え置く」には保護以上の、衣食を与えて面倒をみて、その生殺与奪の権を島津氏が握ったという意味合いが含まれている。駆け込んできた者が屋敷の主人の統制下に置かれる、という中世から近世における駆け込みに関する習俗との共通点は、ここにも見出すことができよう。

島津氏がなぜ秀家を匿い、なぜ秀家の助命に骨を折ったのか。それは理屈ではなく、彼らの心性に基づけば当然の行為であったのではなかろうか。

島津氏のおかげ

一度頼まれた以上、武門の名誉にかけて守り抜く――。島津氏は無意識のうちに、それを当然の対応として秀家のために粉骨した。秀家の助命が決定した慶長八年(一六〇三)九月二日、上方の比志島国貞が、国許の樺山久高・鎌田政近に報せた次の書状をみられたい。比志島・樺山・鎌田はいずれも島津氏の有力家臣である(№14「旧記雑録後編」)。

(読み下し)
休復老(秀家)御進退の事、御侘言罷りなり、駿河の内く(久能)のと申す在所へ御堪忍あるべき由仰せ出だされ候、奥州のはてにも遣わさるべき処に、ほど近く御座候事、これも島津殿御手柄にて候由、諸人の取沙汰大方にあらず候、公方様(徳川家康)よりも、島津殿に対され御赦免なさるる由仰せ出だされ候、天下の御外聞これに過ぐべからず候、

(現代語訳)
秀家の処遇は、謝罪がかなって駿河の久能という場所への「御堪忍」と(徳川家康が)

裁定を下した。奥州の果てに流されても仕方のないところを、ほど近い場所への移送で済んだのは、島津氏の手柄であると、多くの人々のうちで大変な評判になっている。徳川家康からも島津氏に対する赦免（島津氏の尽力を認めた結果）であると言い渡された。これ以上の天下の名誉はない。

【史料32】〔慶長八年〕九月二日付樺山久高・鎌田政近宛比志島国貞書状〈写本〉

史料中の「御堪忍」はこの場合、堪え忍ぶことを強いる、謹慎させるといった、監禁ないし蟄居（ちっきょ）を意味しよう。配流とみなしてもいいが、実際は久能ではなく、その近くの駿府城へ秀家は移された。配流・流罪を、島嶼（とうしょ）や辺境の地への監視つきの追放刑とする一般的な理解にしたがえば、「ほど近く」の駿府城への移送は、配流というにはあまりにも軽い処分である。筆者は従来、秀家の駿府移送を「配流」と表現してきたが〔大西二〇一八b・二〇一九b〕、本書ではこの認識をさしあたり「蟄居させた」と改めておきたい。

秀家の処分は、助命のうえ駿河での蟄居という寛典（かんてん）であった。その結果は、島津氏の手柄という世間の評判を生み、家康からも島津氏の尽力を認める言辞を引き出した。「天下の御外聞」の一語に象徴される名誉と評判を、島津氏は勝ち得たのである。「外聞」は名誉・評判の意である（『邦訳　日葡辞書』）。

いま一通、同じく比志島国貞から島津忠長・樺山久高・鎌田政近に宛てた、九月七日付の書状を参照する。ここでは、秀家の移送先が万事不便な久能から、「府中の御城二之丸（駿府城二ノ丸）」に変更になった点を喜び、そのうえで家康の側近本多正純の意向が次のように語られている（No.17「旧記雑録後編」）。

（読み下し）

上州（本多正純）我らに仰せられ候（そうろう）は、このたび中納言（秀家）殿御事、必ずもって御成敗あるべき儀に候（そうら）えども、島津殿御侘言によって御赦免なされ候、御家に対され公方様よりの御懇（おねんご）ろ、大方の儀にあらず候、よくよく承り置き候（そうら）えとの御事に候、諸人取沙汰もその分に候、

（現代語訳）

本多正純が我らに仰った。このたびの秀家のこと、まちがいなく死罪になるところを、島津氏の嘆願によって赦免された。島津氏に対する徳川家康の懇切な対応は、並大抵ではない。十分に承知しておかれたいとのこと。人々も同じように（家康が島津氏に配慮したと）評判している。

【史料33】〔慶長八年〕九月七日付島津忠長・樺山久高・鎌田政近宛比志島国貞書状〈写本〉

この二通の書状から、ここでは以下のことに注意しておきたい。「島津殿御手柄」という評判や「島津殿御侘言によって御赦免なされ候」という文言から推せば、秀家の助命が基本的に島津氏の要求であった、少なくとも、それが周囲の理解であったと考えていい。確かに、島津義久に宛てて秀家の赦免や駿河下向を報じる山口直友の書状には、わざわざ秀家の身上に別儀のないことが「御身上の儀別条御座なく」「御身命の儀、別条御座なく候て」と繰り返し二度述べられている（九月二日付。No.15「旧記雑録後編」）。島津氏がいかに強く秀家の赦免を求めていたか、そして山口がその島津氏の希望をいかに気にかけていたかを想像できる。ひるがえっていえば、秀家に死罪、あるいは奥州の果てに流されるような厳罰が下った場合、島津氏が「天下の御外聞」を失う事態に陥った可能性が見通せよう。

島津氏にとって、秀家の赦免は大きな成果であった。島津義久の満足は、「ことさら今度休復の事、当家に対され御赦免の由仰せ出だされ候、誠に外聞実儀これに過ぐべからずと存じ候（特に今度の秀家の件、島津氏に対して赦免の沙汰を仰せになった。誠にこのうえない名誉と思う）」といった、細川幽斎に宛てた書状（慶長八年）十月十八日付）の文言からもよく窺うことができる（No.22「旧記雑録後編」）。

秀家の視点に立てば、まずは島津氏のおかげ、といっていい。本多正純が「必ずもって御成敗あるべき儀に候えども、島津殿御侘言によって御赦免なされ候」と述べた通り、秀家の助命は島津氏の存在とその希望が大きく作用した結果であった。

赦免の理由

秀家の赦免、すなわち助命と寛大な処置の背景には、複数の要因があった。

一つには、ここまで詳述してきた島津氏の尽力。二つには、徳川方の、ことに山口直友・本多正純の周旋(しゅうせん)。三つには、西笑承兌・閑室元佶ら禅僧の力添え。四つには、西笑承兌に執り成しを依頼するなど、自らの赦免のために動いた秀家本人の行動。五つには、徳川方の平衡感覚(バランス)である。このうち最後の事情は、島津氏に本領安堵の寛典を加えながら、所領没収の秀家をなお死罪に処す不均衡を、あるいは徳川方が避けたのかもしれない、と言い換えるとわかりやすいだろうか。

ちなみに、秀家の義兄前田利長や、宇喜多忠家(安津)・浮田左京亮親子、戸川達安(備中庭瀬(にわせ)藩主)といった秀家旧臣が、慶長八年(一六〇三)九月の秀家赦免決定にあたり、何らかの行動を起こした確かな証拠はない。

ともあれ、これら五つの理由が秀家を救ったと筆者は考えてきた。だが、二〇一五年の論文では「秀家助命になぜ島津氏がこだわったのかは不明。当時の政情に照らして考えるべき」（[大西二〇一五］五四頁）として、秀家のためにもっとも積極的に動いた島津氏の事情を説明できていなかった。

ようやくその課題を解決できた、といえようか。一度頼まれた以上、是が非でも守り抜く、という当時の社会、ことに武家社会一般に存在した行動様式をあてはめると、亡命から赦免に至る一連の流れがスムーズに理解できる。しかも、この考え方は、島津忠恒の「一度相頼まれ候条」云々という書状からも明確に読み取れた。そこで本書では、秀家がなぜ助かったのか、という疑問に対し、島津氏の尽力など五つの理由に加えて、六つ目の理由に、一度頼まれた以上、是が非でも守り抜く、という当時の行動様式を挙げておきたい。

秀家は短気ながら、思いのほか、したたかでもあった。徳川方の追捕を振り切って九州まで逃れ、最終的に徳川家康から助命の沙汰を勝ち取った背景には、いくつもの幸運が重なったとはいえ、秀家当人にそれを可能にするだけの素養や努力があったとみるべきであろう。進藤正次の談話からは、物事に動じない、したたかさが窺われる。島津氏が守り抜いてくれることも、見越していたと考えるべきであろう。

だが、島津氏の出方はわからない。領内で殺害される可能性もあった。にもかかわらず、あえて島津氏の懐に秀家は飛び込んだ。しかも一部では成敗必至とみられた伏見への出頭にも秀家は応じている。死中に活を求める行動を、秀家は二度までとったのである。したたかな秀家の、この凄味をこそ偲びたい。

おわりに

天正十七年（一五八九）正月元日、豊臣政権下の諸大名や公家衆が、関白秀吉への年頭挨拶のため大坂城に出仕した。薩摩・大隅・日向諸県郡を治める大名島津義弘は、二日後の正月三日、その様子を詳しく書き留めて国許の家臣伊地知重秀に報せている（「旧記雑録後編」）。「室町様」こと前将軍足利義昭（昌山）らは未明に出仕、秀吉が対面の場に現われたのは「九ツ前かど（正午前）」であった。最初に挨拶を行ったのは「尾張大苻」こと内大臣の織田信雄（信長の次男）。足利義昭、「金吾様」豊臣秀俊（のちの小早川秀秋）、「城介殿（織田信忠）御子孫」織田秀信（信長の嫡男信忠の嫡男）、「大和大納言」豊臣秀長（秀吉の弟）、「浮田殿」宇喜多秀家がこれに続いた。彼らは取り次ぎの者を介して秀吉に太刀を献上する。

このあと公家衆による太刀の献上が続くが、島津義弘がここで特記した武家は以上の六名であった。彼ら六名に、駿府にいた徳川家康、二年後に秀吉から関白を譲られる豊臣秀次を加えた人々が、当時の豊臣政権における最高幹部といえよう。もっとも官位序列・儀礼格式のうえでは、という留保は必要である。

下座から足利義昭が上座の上畳に座る秀吉に謁見する光景は、「不思議なる御事と存じたてまつるばかりに候」と島津義弘を驚かせた。

「室町様」という旧来の権威が、新たな秩序のなかで、秀吉という、かつて島津氏が「由来なき仁」と揶揄した一代の成り上がり者にへりくだる――。義弘は時代の転換をここに実感し、後世の我々も、義弘の筆端に、中世から近世への移り変わりを象徴的に見出さざるを得ない。

公家衆に続き、諸大夫（従五位下の位階、侍従以外の官職を与えられた武家）、法印衆（高位の僧侶）、その他の武家、町衆が秀吉にお目見えを済ませ、儀礼は酒宴に移った。「御通り」すなわち島津義弘が秀吉から酒盃を頂いたのは三十一番目、そのあとには小早川隆景が続く。この時、十八歳にして従三位参議の秀家は、おそらく義弘よりはるかに先んじて盃事を済ませていた。すでに位階では「室町様」足利義昭と同等であり、儀礼上とはいえ、諸大名のなかでは群を抜く存在であった。

本書では、うら若い秀家がなぜ、このような地位を獲得し得たのか（第一章）、為政者たる大名としては未熟な秀家をなぜ宇喜多氏の家臣団は支え、かつ従ったのか（第二章）、秀家と家臣団との関係の破綻（宇喜多騒動）はなぜ起こったのか、そして騒動の事実関係はどのように見通せるのか（第三章）、関ヶ原合戦で敗れた秀家がなぜ潜伏に成功し、徳川家康から助命の沙汰を引き出せたのか（第四章）、を考えてきた。ここまで読み終わった読者に、秀家の特殊な存在感の由来をことさらに説く必要はもはやなかろう。その栄光のはかなさも感じ取っていただけたかと思う。

断片的に残った史料や伝承から、秀家のやや短気な性分と、端倪（たんげい）すべからざるしたたかさを見通した。武家としての、大名としての素質はそれなりに具備していたが、だからといって水際立った器量の持ち主というわけでもない。そういう秀家が中世から近世への変わり目のなかで、栄達を極めたかと思えば、政情の流動化に翻弄（ほんろう）され、没落の憂き目をみた。めまぐるしく変化の多い生涯は、変革の時代相を凝縮したかのようである。

前著［大西二〇一九b］のなかで、秀家にまつわる事実関係をひと通り検討・整理した筆者にとって、次の課題は、秀家の生涯を規定した中・近世移行期という時代相を踏まえて、この人物にまつわる諸要素を明らかにすること、そして近年の研究状況や「俗説」の拡散状況に対する私見や反論を、より広く世間に共有して、宇喜多氏研究の裾野を拓き、議論の活性化を図ることであった。本書でその課題がどれほど果たせたのか。読者に判断してもらうよりほかにない。

宇喜多氏に関して、ひねた議論を好む筆者にひきかえ、端正な議論を展開する森脇崇文氏は、十二年前に次のような展望を示している。すなわち宇喜多氏研究を、「宇喜多を研究する」から「宇喜多で研究する」段階へ推し進める必要がある、という［森脇二〇〇八］。好事家的な興味でなく、普遍的な問題を明らかにするための素材として、宇喜多氏が選択されるようにならなければならない。宇喜多氏の研究を通じて明らかになった知見が、日本史学上の、あるいは歴史学上の真理をつかむために活用されるようになる未来を森脇氏は見通した、と筆者は考えている。

本書の執筆にあたって森脇氏に改めて十二年前の指摘について尋ねたところ、すでに「宇喜多で研究する」段階に入っているのではないか、という答えが返ってきた。確かに、前著や本書にあたるだけでも、秀家に関する基礎的事実関係は、通俗的理解との対比も含めて過不足なく把握できるだろう。筆者はまだ「宇喜多を研究する」地点を低回しているようで、確たる自信がもてないのだが、「宇喜多で研究する」未来が拓けつつあると、あえて楽観しておきたい。

課題はなお残されている。たとえば、秀吉の死後、関ヶ原合戦に至る政治情勢にも、議論の余地は大きい。この二年ほどの極めて流動的な政局を解き明かすには、「はじめに」で述べた「大老」秀家による豊臣政権の主導、という可能性も、考慮に入れる必要があろう。「大老」への抜擢は、秀吉にその将来を嘱望（しょくぼう）されたからにほかならない。徳川家康・前田利家に次ぐ政権内序列を確保した秀家の動向は、なお様々な視角から追究されるべきであろう。

秀家の嫡男孫九郎秀隆は、幼少にして早くも従四位下侍従の高位高官にあった。石田三成や加藤清正ら秀吉子飼いの大名は従五位下にとどまる事実をみれば、秀家親子の別格扱いがよくわかる。だからこそ、秀家の義母芳春院が「まご九郎（孫九郎秀隆）はきがちがい（気違）、さんざん（散々）のよしにて候」と嘆いたように、八丈島に流された孫九郎は、将来を悲観するか、自身の没落を嘆いて精神に異常を来した（村井文書）。秀家もまた、「出国の御詫言御肝煎（おわびごとおきもいり）どもの由、大慶この事に候」（花房家史料）と、旧臣花房氏を介した赦免運動に、復権の望みをかけていた。こうした事実は、決戦に敗れた慶長五年（一六〇〇）九月十五日までの彼らの立場を考えれば、なかば当然のなりゆきといえるであろう。

秀家の正室樹正院も、その娘たちも秀家の没落に翻弄された。樹正院は、高台院（秀吉の正室北政所）の庇護のもと、慶長十三年冬から同十四年十月頃までは京都にいたが、それ以後、実兄前田利長を頼って加賀金沢へ移り住み、寛永十一年（一六三四）五月二十三日、ひとり同地で病没する。娘二人はいずれも早世した。母に先立った娘のうち、養女であった寿星院はもともと安芸の毛利氏に、実の娘理松院は陸奥の伊達氏に嫁ぐ予定であったという（「菅家一類続柄補」、［大西二〇一八b］）。実父の没落により二つの縁談は破れて、寿星院は伏見宮貞清親王に、理松院は加賀藩士山崎長郷に、長郷の死後は同じく加賀藩士の富田重家に嫁いでいる。理松院は元和元年（一六一五）、寿星院は翌元和二年に世を去った。

関ヶ原合戦の結果、大名宇喜多氏は滅亡した。ともに「西軍」に与した敗軍の将であったが、秀家と島津義弘との立場は完全に逆転した。義弘の赦免に加え、島津氏は本領を安堵された。一方の秀家は、上方を経て島津氏を頼り、大隅牛根に匿われる。

慶長八年八月五日、おそらく大隅帖佐（鹿児島県姶良市）にいた島津義弘が、大名島津氏の当主である薩摩鹿児島の息子忠恒に次のような書状を送っている。桜島を表す「向之島」からが本文で、冒頭の「なおなお」以下が追伸である。

（読み下し）

なおなお、右の相違、かえすがえす残り多く存じ候、しかれども誠にこの年月、休復御逗留に候といえども仕合わせなき故、終に面談あたわず候事、彼の心中も如何と存じ、罷り越す事に候、

向之島へ相誘引さるるの間、同道申すべき由申し候えども、休復（秀家）事、必ず明日六日、牛祢（牛根）発足これある由申し来たるの条、暇乞いのため今晩より福山まで罷り越し参会申すべき覚悟に候間、兼約相違申し通し申し述べるためかくの如くに候、なお後音を期し候、恐々謹言、

（現代語訳）

桜島行きを誘ってもらい、同道すると申したが、秀家が、明日六日に大隅牛根を発つことに決定と報せてきたので、暇乞いのため今晩から福山（鹿児島県霧島市）へ赴いて会うつもりである。そのため（桜島行きの）かねての約束を違えることになったので、このように申し伝える。なお後日を期したい。恐々謹言。

追伸。右の約束を守れず、何とも残念である。しかし、本当にここ数年、秀家が逗留しているというのに機会に恵まれず、ついに面談できなかった。秀家の心中いかばかりかと思い、（面会に）赴くことにしたのである。

（【史料34】（慶長八年）八月五日付島津忠恒宛島津義弘書状〈写本〉）

義弘・秀家の面談でどのような話題が出たのか、いや、実際に会うことができたのかどうか、これ以上の史料が残されていないのでわからない。筆者が小説作家であれば、ここで存分に、秀家をしてその来し方行く末を語らせるであろう。義弘がかつて大坂城ではるかに秀家を仰ぎ見た日から十四年、秀家はこの時、なお三十二歳である。

＊＊＊

なぜ宇喜多秀家（宇喜多氏）の研究をしているのか、と尋ねられることが多い。

もとより高尚な学問的要請があったわけではない。岡山市内、児島半島の片隅で生まれ育ち、ごく素朴に、郷土の先人に興味をもって調べ始めたのが発端である。宇喜多秀家（宇喜多氏）について、信頼できる研究者による正確で詳細な文献がみあたらなかったから、自分の知りたいことを明らかにするために研究に手を染めたといっていい。

かつて人物往来社という版元に、「日本の武将」という全七十巻を予定した叢書（昭和四十一年～）があって、藤井駿『宇喜多秀家』もその一冊として数えられていた。この岡山大学教授（当時）による評伝が日の目をみていたならば、筆者が秀家をめぐる文章をものする必要はなかったのかもしれない。宇喜多氏を正面から取り上げた立石定夫『戦国宇喜多一族』という労作もあったが、著者によるルポルタージュの色彩が濃く、各種伝承の集成というべき内容は、俗説の検証にまでは踏み込めていない［立石一九八八］。まあ、平板な通念にあきたらないのであれば、「自ら書くしかない」といったところである［大西二〇一九b］。

とはいえ、研究手法は近代歴史学のそれにのっとり、実証を第一とする。秀家への興味が自己目的化しないよう、適切な研究目的も用意する。すなわち、郷土の偉人として宇喜多秀家を知るため、あるいは顕彰のための研究ではない。日本史の、あるいは中近世移行期の社会構造を明らかにする前提として、宇喜多氏権力の総体を把握する必要がある。その一階梯として、秀家の動向も逐一明らかにしなければならない、という風に。そういう態度をとることで、筆者の研究を一応のところ近代歴史学の所産というところに持ってゆくことができる。

ただ、著述の姿勢は端正とは言い難い。十年前に「筆者の執筆姿勢は、随意の一語である。好事家の手慰みである」［大西二〇一〇］、五年前に「今後も読むことと書くこととを継続したい。好きなことを好きなように。来し方も我流、行く末も無手勝流で通すほかない」［大西二〇一五］と述べた通り、現在もなお、秀家やその関連事象に対峙すると好奇心が先に立つ。「大坂・京都・伏見の三か所の秀家屋敷のうち能舞台が建っていたのは大坂屋敷だけ」、あるいは「現時点で確認できる加賀藩から八丈島宇喜多一類への物資援助は慶応四年（一八六八）まで合わせて七十九回」とか、自身の興味関心から、としか言い様がない、これらの事柄を突き詰めて考えてばかりいる。歴史学の大勢に影響はないのかもしれないが、在来の研究者には終（つい）ぞ顧みられなかった疑問点を、ともかくもほぐすことに努めてきた。筆者の存在意味は、こうした着眼点にあるのかもしれない。

本書も、こんな感じでよかったのか。行き届かぬ部分も多かろうが、好きなことを好きなように、という態度と、「中世から近世へ」という学術的な主題とに、一応はうまく折り合いをつけたつもりである。平凡社の坂田修治氏からの要請は、「中世から近世へ」という時代の転換点を見据えた歴史叙述であった。

宇喜多秀家は、およそ一般はもとより学術の世界においても存在感が薄いらしい。信頼できる関連書籍の少なさが、秀家に対する学問上の要請や読書界における需要の乏しさを言外に語っていよう。その秀家という存在を、「中世から近世へ」という主題に即して、しかも切実に検討の必要があるように叙述しおおせることが、いや、そういう意識の転換を訴えることができたのか。しかも学術書（論文集）ではなく、専門性は高くとも一般読者向けの書籍である。細かい事実関係にも誤りなきよう気を配る必要があるし、論述の作法や筋道にも、専門の研究者がみて得心のゆくような客観性や明快さが求められる。

さきに執筆の態度を随意と述べたが、叙述の対象には誠実たらんと努めてきた。本書は秀家を媒介にして中近世移行期という時代相の一端を浮かび上がらせることを目的とする一方、秀家の伝記でもある。近世・近代の史料に精通した文芸・人物研究の泰斗森銑三（せんぞう）は「人物研究に就いての私見」という小文を「須（すべか）らく誠実なるべしの一語に帰する」と結んでいる［森一九八九］。筆者もその顰（ひそみ）に倣（なら）って、残された史料を丹念に読み込み、公平な叙述を心がけた。秀家のやや短気な側面や、関ヶ原敗戦後のしたたかさなど、具体的な人物像に踏み込んだ指摘は、無責任な憶測ではなく、残存史料の検討から導き出したものである。史料の文言を歪曲したり、先行研究の安直な切り貼りに終始しないよう注意を怠らなかった。筆者なりに意を尽くしたつもりである。

末筆ながら、本書の執筆を慫慂（しょうよう）された坂田氏には御礼の言葉もない。秀家に頼まれた以上、島津氏にこれを庇護しない選択肢はない、といった本書の素案を坂田氏に示したのは昨年の八月である。坂田氏の感触は上々であったし、こちらも頼まれた以上、断る選択肢はなかった。編集実務では坂田氏の後任、下中順平氏にすっかりお世話になった。特にお二方のご尽力に感謝の意を表したい。

宇喜多秀家とその時代をより深く理解するよすがとして、本書が広く、そして永く読み継がれんことを期待する。

令和二年七月

大西泰正

史料出典一覧

＊本文中に掲出した史料の引用元を番号順に示す

【史料1】……金沢市立玉川図書館加越能文庫所蔵「中納言様御在国中御進物帳」

【史料2】……金沢市立玉川図書館加越能文庫所蔵「宇喜多家旧記」

【史料3】……金沢市立玉川図書館加越能文庫所蔵「村井文書」二

【史料4】……村上直次郎訳註『耶蘇会の日本年報』一・一三六頁

【史料5】……『大日本古文書 家わけ九・別集』「附録 石見吉川家文書」一四六号文書

【史料6】……『大日本古文書 家わけ九・別集』「附録 石見吉川家文書」一四三号文書

【史料7】……蜂須賀文書写、奥野高廣『増訂 織田信長文書の研究』補遺・索引 補遺二五七号文書「蜂須賀文書写」

【史料8】……『思文閣古書資料目録』二〇二所収文書、『豊臣秀吉文書集』一―三六二号文書

【史料9】……国立公文書館内閣文庫所蔵「天正記」二

【史料10】……石原重臣氏所蔵文書、『豊臣秀吉文書集』一―九四五号文書

【史料11】……東京国立博物館所蔵文書

【史料12】……東京国立博物館所蔵文書
【史料13】……松田毅一他訳『日本巡察記』二五頁
【史料14】……松田毅一他訳『日本巡察記』一八頁
【史料15】……岡本文書、『豊臣秀吉文書集』二一一七八四号文書
【史料16】……太陽コレクション所蔵文書、『大信長展』二三号文書
【史料17】……黒田家文書、『豊臣秀吉文書集』二一一九六六号文書
【史料18】……『大日本古文書　家わけ八　毛利家文書之三』九六二号文書
【史料19】……国立公文書館内閣文庫所蔵「戸川家譜」
【史料20】……「備前軍記」五「秀家卿長臣并家中騒動の事」
【史料21】……国立公文書館内閣文庫所蔵「戸川家譜」
【史料22】……『改定史籍集覧』二六「慶長年中卜斎記」
【史料23】……国立公文書館内閣文庫所蔵「戸川家譜」
【史料24】……国立公文書館内閣文庫所蔵「戸川家譜」
【史料25】……東京大学史料編纂所所蔵謄写本「鹿苑日録」
【史料26】……金沢市立玉川図書館加越能文庫所蔵「乙夜之書物」下
【史料27】……東京大学史料編纂所所蔵影写本「難波文書」
【史料28】……『改定史籍集覧』二六「慶長年中卜斎記」
【史料29】……『改定史籍集覧』二六「慶長年中卜斎記」

【史料30】……東京大学史料編纂所所蔵影写本「難波文書」

【史料31】……『前田育徳会尊経閣文庫所蔵　武家手鑑　解題・釈文』下ノ四一

【史料32】……『鹿児島県史料　旧記雑録後編』三―一八五五号文書

【史料33】……『鹿児島県史料　旧記雑録後編』三―一八六三号文書

【史料34】……『鹿児島県史料　旧記雑録後編』三―一八四七号文書

主要参考文献

著書・論文

朝尾直弘「織豊政権と宇喜多氏」（『岡山県史』六・近世一、岡山県、一九八四年）
朝尾直弘『朝尾直弘著作集』三（岩波書店、二〇〇四年a）
朝尾直弘『朝尾直弘著作集』八（岩波書店、二〇〇四年b）
跡部　信『豊臣政権の権力構造と天皇』（戎光祥出版、二〇一六年）
阿部勝則「豊臣五大老・五奉行についての一考察」（『史苑』四九―二、一九八九年）
荒野泰典『近世日本と東アジア』（東京大学出版会、一九八八年）
池　享『戦国・織豊期の武家と天皇』（校倉書房、二〇〇三年）
伊東多三郎「板坂卜斎覚書」（『国史大辞典』一、吉川弘文館、一九七九年）
大西泰正「宇喜多忠家について」（『岡山地方史研究』一〇六、二〇〇五年）
大西泰正「宇喜多氏の家中騒動」（『岡山地方史研究』一〇九、二〇〇六年）
大西泰正「浮田左京亮」（『宇喜多家史談会会報』二三、二〇〇七年）
大西泰正「秀吉死後の宇喜多氏――いわゆる宇喜多騒動を中心に」（『日本歴史』七二七、二〇〇八年）
大西泰正『豊臣期の宇喜多氏と宇喜多秀家』（地域の中世7　岩田書院、二〇一〇年）

大西泰正『「大老」宇喜多秀家とその家臣団――続豊臣期の宇喜多氏と宇喜多秀家』（岩田書院、二〇一二年a）
大西泰正『宇喜多秀家と明石掃部』（岩田書院、二〇一五年）
大西泰正「織豊期前田氏権力の形成と展開」（同編『前田利家・利長』織豊大名の研究3　戎光祥出版、二〇一六年a）
大西泰正「没落後の宇喜多氏について」（『岡山地方史研究』一四〇、二〇一六年b）
大西泰正『論文集　宇喜多秀家の周辺　増補版』（宇喜多家史談会、二〇一六年c）
大西泰正『宇喜多秀家』（シリーズ　実像に迫る13　戎光祥出版、二〇一七年a）
大西泰正「前田家編輯方収集にかかる宇喜多氏関係史料について」（『岡山地方史研究』一四三、二〇一七年b）
大西泰正「前田利長論」（『研究紀要　金沢城研究』一六、二〇一八年a）
大西泰正『論集　加賀藩前田家と八丈島宇喜多一類』（桂書房、二〇一八年b）
大西泰正『前田利家・利長――創られた「加賀百万石」伝説』（中世から近世へ　平凡社、二〇一九年a）
大西泰正『「豊臣政権の貴公子」宇喜多秀家』（角川新書280、二〇一九年b）
大西泰正編著『備前宇喜多氏』（論集　戦国大名と国衆11　岩田書院、二〇一二年b）
笠谷和比古『近世武家社会の政治構造』（吉川弘文館、一九九三年）
加原耕作「宇喜多詮家」「宇喜多秀家」（『岡山県歴史人名事典』山陽新聞社、一九九四年）
岸田裕之「解説」（同編『中国大名の研究』吉川弘文館、一九八四年）
木下　聡『斎藤氏四代――人天を守護し、仏想を伝えず』（ミネルヴァ書房、二〇二〇年）

倉地克直他「地方史研究の現状三四　岡山県」（『日本歴史』六〇五、一九九八年）
黒田基樹『羽柴を名乗った人々』（角川選書578、二〇一六年）
桑田忠親『豊太閤伝記物語の研究』（中文館書店、一九四〇年）
桑田忠親「大西家所蔵狐狩の古文書」（『朱』一一、伏見稲荷大社、一九七一年）
桑田忠親『豊臣秀吉研究』（角川書店、一九七五年）
石畑匡基「宇喜多騒動の再検討――『鹿苑日録』慶長五年正月八日条の解釈をめぐって」（『織豊期研究』一四、二〇一二年）
柴田一「宇喜多家家中騒動」「宇喜多秀家」（『岡山県大百科事典』上、山陽新聞社、一九八〇年）
柴裕之編『織田氏一門』（岩田書院、二〇一六年）
清水克行『喧嘩両成敗の誕生』（講談社選書メチエ353、二〇〇六年）
清水有子「朝尾直弘『鎖国』の現在」（『日本史研究』六八八、二〇一九年）
しらが康義「戦国豊臣期大名宇喜多氏の成立と崩壊」（『岡山県史研究』六、一九八四年〔のち大西編著二〇一二b所収〕）
しらが康義「宇喜多氏関係史料目録」（深谷克己編『岡山藩の支配方法と社会構造』一九九四・九五年度科学研究費補助金一般研究（B）研究成果報告書、早稲田大学文学部、一九九六年）
高木昭作「江戸幕府の成立」（『岩波講座 日本歴史』九・近世一　岩波書店、一九七五年）
立石定夫『戦国宇喜多一族』（新人物往来社、一九八八年）
谷口眞子『武士道考――喧嘩・敵討・無礼討ち』（角川叢書35、二〇〇七年）
谷口澄夫『岡山藩政史の研究』（塙書房、一九六四年）

谷　徹也「秀吉死後の豊臣政権」（『日本史研究』六一七、二〇一四年）
寺尾克成「宇喜多秀家」（『歴史読本』二〇〇〇年三月号、新人物往来社）
寺尾克成「文禄・慶長期における宇喜多氏家臣団の構造」（『國學院雑誌』一一六―三、二〇一五年）
畑和良「織田・毛利備中戦役と城館群――岡山市下足守の城郭遺構をめぐって」（『愛城研報告』一二、二〇〇八年）
早田玄洞『史上の吉備』下（山陽新報社、一九二八年）
原田伴彦「宇喜多秀家」（『国史大辞典』二、吉川弘文館、一九八〇年）
播磨良紀「羽柴秀吉文書の年次比定について」（『織豊期研究』一六、二〇一四年）
平井上総『兵農分離はあったのか』（中世から近世へ　平凡社、二〇一七年）
福田千鶴『幕藩制的秩序と御家騒動』（校倉書房、一九九九年）
藤井讓治『戦国乱世から太平の世へ』（シリーズ日本近世史1　岩波新書1522、二〇一五年）
藤井讓治「徳川家康の叙位任官」（『史林』一〇一―四、二〇一八年）
藤田達生「織田政権と謀反」（『ヒストリア』二〇六、二〇〇七年）
藤田恒春『豊臣秀次』（人物叢書280　吉川弘文館、二〇一五年）
堀越祐一『豊臣政権の権力構造』（吉川弘文館、二〇一六年）
牧原成征「兵農分離と石高制」（『岩波講座 日本歴史』一〇・近世一、二〇一四年）
森　銑三『近世人物夜話』（講談社学術文庫、一九八九年）
森　俊弘「岡山藩士馬場家の宇喜多氏関連伝承について――「備前軍記」出典史料の再検討」（『岡山地方史研究』九五、二〇〇一年〔のち大西編著二〇一二b所収〕）

森　俊弘「年欠三月四日付け羽柴秀吉書状をめぐって――書状とその関係史料を再読して」（『岡山地方史研究』一〇〇、二〇〇三年）

森脇崇文「宇喜多氏家臣団の構造と展開」（歴史シンポジウム「岡山県古代・中世史研究の最前線」資料集、就実大学吉備地方文化研究所、二〇〇八年）

森脇崇文「豊臣期宇喜多氏における文禄四年寺社領寄進の基礎的考察」（『年報赤松氏研究』二、二〇〇九年）

森脇崇文「豊臣期大名権力の変革過程――備前宇喜多氏の事例から」（『ヒストリア』二二五、二〇一一年）

森脇崇文「宇喜多氏備中領の範囲について」（『倉敷の歴史』二二、二〇一二年）

森脇崇文「文禄四年豪姫「狐憑き」騒動の復元と考察」（『岡山地方史研究』一三八、二〇一六年）

三鬼清一郎『豊臣政権の法と朝鮮出兵』（青史出版、二〇一二年）

光成準治『関ヶ原前夜――西軍大名たちの戦い』（角川ソフィア文庫、二〇一八年〔初版NHKブックス、二〇〇九年〕）

三宅克広「中世文書と近世の編纂物――岡山の戦国史研究の現状と課題」（『法政史学』五八、二〇〇二年）

三宅正浩『近世大名家の政治秩序』（校倉書房、二〇一四年）

矢部健太郎「小早川家の「清華成」と豊臣政権」（『国史学』一九六、二〇〇八年）

矢部健太郎『豊臣政権の支配秩序と朝廷』（吉川弘文館、二〇一一年）

矢部健太郎『関白秀次の切腹』（ＫＡＤＯＫＡＷＡ、二〇一六年）

山口啓二『山口啓二著作集二　幕藩制社会の成立』（校倉書房、二〇〇八年）

山本浩樹「織田・毛利戦争の地域的展開と政治動向」（川岡勉・古賀信幸編『西国の権力と戦乱』〈日本中世の西国社会①〉清文堂出版、二〇一〇年）

依藤　保「羽柴秀吉の筑前守・藤吉郎通称考――天正元年～天正十一年編年史料」（『城郭研究室年報』二四、二〇一五年）
渡邊大門『宇喜多直家・秀家――西国進発の魁とならん』（ミネルヴァ書房、二〇一一年）
渡邊大門『牢人たちの戦国時代』（平凡社新書726、二〇一四年）
渡邊大門『こんなに面白いとは思わなかった！　関ヶ原の戦い』（光文社知恵の森文庫、二〇一五年）
渡邊大門『流罪の日本史』（ちくま新書1290、二〇一七年）
渡邊大門『宇喜多秀家と豊臣政権――秀吉に翻弄された流転の人生』（洋泉社歴史新書y80、二〇一八年）
渡邊大門『山陰・山陽の戦国史――毛利・宇喜多氏の台頭と銀山の争奪』（地域から見た戦国150年・7　ミネルヴァ書房、二〇一九年）
渡辺尚志『村からみた近世』（校倉書房、二〇一〇年）

自治体史・史料集など

『大日本古文書』各巻（東京大学史料編纂所）
『改定史籍集覧』二六（近藤出版部、一九〇二年）
『大日本史料』一二―四（東京帝国大学、一九〇三年）
『吉備群書集成』一～一〇（吉備群書集成刊行会、一九三一～一九三三年）
永山卯三郎他編『岡山市史』二（岡山市役所、一九三六年）
村上直次郎訳註『耶蘇会の日本年報』一（拓文堂、一九四三年）
ルイス・デ・グスマン（新井トシ訳）『グスマン東方伝道史』下巻（養徳社、一九四五年）

藤井駿・水野恭一郎編『岡山県古文書集』一〜四（思文閣出版、一九八一年〔一〜三の初版は一九五三〜一九五六年〕）
近藤富蔵『八丈実記』一〜七（八丈実記刊行会・緑地社、一九六四〜一九七六年）
『萩藩閥閲録』一〜四（山口県文書館、一九六七〜一九七一年）
『萩藩閥閲録遺漏』（山口県文書館、一九七一年）
『広島県史』古代中世資料編三（広島県、一九七八年）
松田毅一他訳『日本巡察記』（平凡社東洋文庫、一九七三年）
『義演准后日記』一〜二（続群書類従完成会、一九七六〜一九八四年）
『前田育徳会尊経閣文庫所蔵　武家手鑑　解題・釈文』（前田育徳会尊経閣文庫、一九七八年）
『国史大辞典』各巻（吉川弘文館、一九七九〜一九九七年）
土井忠生・森田武・長南実編訳『邦訳日葡辞書』（岩波書店、一九八〇年）
『鹿児島県史料　旧記雑録後編』二〜三（鹿児島県、一九八二〜一九八三年）
『角川古語大辞典』各巻（角川書店、一九八二〜一九九九年）
『岡山県史』二〇・家わけ史料（一九八五年）
松田毅一監訳『十六・七世紀イエズス会日本報告集』各巻（同朋舎出版、一九八七〜一九九八年）
奥野高廣『増訂織田信長文書の研究』補遺・索引（吉川弘文館、一九八八年）
『備作之史料（五）金沢の宇喜多家史料』（備作史料研究会、一九九六年）
『早島の歴史』三（早島町、一九九九年）
『日本国語大辞典（第二版）』各巻（小学館、二〇〇〇〜二〇〇一年）

『久世町史』資料編一・編年資料（久世町教育委員会、二〇〇四年）
名古屋市博物館編『豊臣秀吉文書集』一～六（吉川弘文館、二〇一五～二〇二〇年）
『大信長展』（太陽コレクション、二〇一六年）

＊その他、史料の検索に、東京大学史料編纂所・国立公文書館・東京国立博物館、それぞれのホームページ（データベース）を利用した。

宇喜多秀家関連年表

＊秀家の年齢は数え年で表記。太字は宇喜多氏に関わるもの

和暦(年)		西暦(年)	年齢	事項
元亀	3	1572	1	**この年　宇喜多直家の子として秀家誕生。幼名は八郎**
				この年以前　直家、備前岡山に居城を移す
天正	元	1573	2	7月18日　宇治槙島城の足利義昭、織田信長に降伏する
	2	1574	3	**この年　前田利家の娘として樹正院（南御方・備前様）が誕生する**
	3	1575	4	5月21日　織田信長・徳川家康、武田勝頼を三河長篠に破る
				9月　直家、備前天神山城を攻め落とし、浦上宗景を播磨へ追放する
	7	1579	8	**9月～10月　直家、毛利氏から離反し、羽柴秀吉の取次によって織田信長に帰順する**
	10	1582	11	**正月21日　織田信長、直家の病没にともない、秀家への家督相続を許可する**
				2月21日　宇喜多氏、備前児島郡において毛利氏と会戦（八浜合戦）。宇喜多元家（与太郎）が戦死する
				6月2日　本能寺の変（織田信長死去）
				4月～6月　宇喜多氏、羽柴秀吉に従い備中高松城攻めなどに派兵する
				6月4日　備中高松において羽柴・毛利両氏の一時停戦が決定する
				6月13日　羽柴秀吉、明智光秀を破る（山崎の合戦）
				この年　羽柴秀吉、秀家と養女樹正院との縁組を指示する

11	1583	12	4月21日　賤ケ岳の合戦。次いで羽柴秀吉、越前北庄城に柴田勝家を滅ぼす
			9月1日　羽柴秀吉、大坂城の普請を開始する
12	1584	13	**3月~11月　小牧・長久手の合戦。宇喜多氏、羽柴秀吉に与して派兵する**
13	1585	14	**2月　「中国国分」が完了する（宇喜多氏領国の確定）**
			3月~4月　秀家、羽柴秀吉の紀州根来・雑賀攻めに従軍する
			6月~8月　秀家、羽柴秀吉の四国出兵にともない讃岐に出兵する
			7月11日　羽柴秀吉、関白に任官する
			10月6日　秀家、侍従に叙任され、羽柴秀吉に従って参内する
14	1586	15	2月　羽柴秀吉、聚楽第の普請を始める
			7月以前　秀家、領国内におけるキリスト教の布教を許可する
			12月　豊臣秀吉、太政大臣に任官。豊臣姓を賜る
			この頃　秀家、京都に屋敷地を与えられる
15	1587	16	**正月25日　秀家、豊臣秀吉の九州出兵に先陣として出陣する（6月頃まで）**
			5月8日　豊臣秀吉、島津義久を降伏させる（九州平定）
			7月10~11日　「姫君様」（樹正院カ）、豊臣秀吉を備前岡山に饗応する
			9月13日　豊臣秀吉、聚楽第に移徙する
			11月22日　秀家、正四位下・参議に叙任する
16	1588	17	**正月以前　秀家、樹正院を娶る**
			4月8日　秀家、従三位に昇進する
			4月14日~18日　後陽成天皇、豊臣秀吉の聚楽第に行幸する（聚楽第行幸）。秀家の「清華成」勅許が下る

				7月　豊臣秀吉、刀狩りを命令する 9月10日　豊臣秀吉、秀家の大坂屋敷を訪問する 10月19日　容光院（秀家の姉）、吉川広家に嫁ぐ 10月　秀家、寺社領検地を開始する この頃　秀家、岡山城・城下町の大改修を開始する
	17	1589	18	8月　秀家の男子が誕生する（夭折カ） 9月～10月　秀家、大仏殿（方広寺）普請のため1万の人足を負担する
	18	1590	19	この頃　秀家、領内の城郭整理（城破り）を行う 2月30日　秀家、豊臣秀吉の小田原北条氏攻めのため京都を出陣する 7月5日　豊臣秀吉、北条氏直を降伏させる
	19	1591	20	8月　豊臣秀吉、秀家に白河および同地近辺での検地を指示する 4月19日　容光院（秀家の姉。吉川広家正室）が病没する 7月　秀家の男子（孫九郎秀隆）が誕生する 12月28日　豊臣秀次、関白に任官する（以後、秀吉は太閤を称する）
文禄	元	1592	21	正月5日　豊臣秀吉、第一次朝鮮出兵（文禄の役）を発令する 2月20日　豊臣秀吉、この日の秀家出陣を命令する（実際の出陣は3月頃） 3月13日　豊臣秀吉、秀家の対馬在陣を命令する 4月22日　豊臣秀吉、対馬の秀家に朝鮮釜山への渡海を命令する 5月6～7日　秀家の軍勢、朝鮮漢城に到着する

			5月18日　豊臣秀吉、朝鮮・明国平定後の政権構想を豊臣秀次に開陳。秀家には「日本関白」ないし「高麗（朝鮮）」支配者の地位を言明する 6月　秀家の使者花房秀成、肥前名護屋にて朝鮮半島での戦況を豊臣秀吉らに報告。秀吉、秀家の漢城からの出撃希望を許可する 8月　豊臣秀吉、伏見城の普請を開始する
2	1593	22	正月26日　碧蹄館の合戦。秀家ら日本軍、李如松の明軍を破る 2月12日　朝鮮幸州山城の戦いにて、秀家・安津（宇喜多忠家）ら負傷する 2月18日　豊臣秀吉、秀家を在朝鮮日本軍の総大将に任命する 4月19日　秀家ら在朝鮮日本軍、漢城を放棄する 5月2日　朝鮮の秀家、岡山城下の整備につき指示する 8月3日　豊臣秀頼（拾）が誕生する 10月初頭　朝鮮半島から帰国した秀家、上方に到着する
3	1594	23	4月20日（ないし21日）　豊臣秀吉、秀家の大坂屋敷に式正御成する 9月以前　秀家、惣国検地を実施する 10月22日（ないし23日）　秀家、権中納言に任官する
4	1595	24	7月15日　豊臣秀次、高野山にて自害する（秀次事件） 7月20日　秀家・前田利家ら、秀次事件をうけて、豊臣政権への忠誠などを誓約する 8月3日　秀家、徳川家康らとともに「御掟」「御掟追加」を制定する 10月～11月　秀家、樹正院の回復祈禱を吉田社や領国の寺社に依頼する この年　秀家、寺社領検地を実施する

年号		西暦	年齢	事項
				この頃　岡山城・城下町の大改修が一通り完了する
慶長	元	1596	25	閏7月13日　畿内で地震、京都・伏見の被害甚大、伏見城などが倒壊する
	2	1597	26	正月5日　宇喜多孫九郎（秀隆）、正五位下に叙位される
				2月21日　豊臣秀吉、第二次朝鮮出兵（慶長の役）の陣立てを発令する
				6月〜7月　秀家、軍勢1万を率いて出陣、次いで朝鮮半島南部に着陣する
				9月27日　宇喜多孫九郎（秀隆）、侍従に任官、翌日、従四位下に昇進する
				この年　秀家の男子（小平次）が誕生する
	3	1598	27	4月頃　秀家、朝鮮半島から帰国する
				7月頃　豊臣秀吉、「大老」「奉行」の制を定める
				8月18日　伏見城にて豊臣秀吉が死去する
	4	1599	28	正月10日　秀家、豊臣秀頼に従って伏見から大坂に移る
				2月5日（ないし12日）　徳川家康、他の四「大老」五「奉行」と和解する
				3月8日　秀家、徳川家康に起請文を提出、豊臣秀頼への忠誠などを誓約する
				閏3月3日　大坂にて前田利家が病没する。次いで石田三成襲撃事件が発生、三成、近江佐和山城に引退する
				9月　徳川家康、伏見から大坂に移る。秀家、家康の要求によって大坂から伏見へ移る
				この年　宇喜多騒動が起こる（翌年まで）
	5	1600	29	正月5日　中村次郎兵衛（家正）、遭難する

年号	西暦	年齢	事項
			正月　宇喜多騒動、徳川家康の仲裁により落着する。秀家に抗した一部の家臣が帰参する 5月　宇喜多騒動後、帰参した有力家臣が再退去する 6月16日　徳川家康、会津の上杉景勝討伐のため大坂を出陣する 7月15日　この日以前、秀家、徳川家康討伐を企てる石田三成に同心する 7月17日　上方にて石田三成ら、徳川家康討伐のため挙兵する 8月1日　秀家らの軍勢、伏見城を落とす 8月（ないし7月）7日　大坂の樹正院、大和長谷寺に秀家の戦勝祈願などを依頼する 8月15日　軍勢1万を率いて出陣した秀家、この日、醍醐を通過する 8月18日　徳川方の戸川達安、伊勢在陣の明石掃部に書状を送り、秀家の寝返りを誘う。翌日、掃部は達安に返書してこれを謝絶する 9月10日　秀家、岡山城在番の宍甘四郎左衛門らに戦況を報じ、あわせて家臣からの人質徴収などを指示する 9月15日　秀家ら、徳川家康らに関ヶ原合戦で敗北。以後、美濃の山中、次いで上方に潜伏する（翌年5月頃まで） 12月　上方の宇喜多孫九郎（秀隆）・小平次兄弟、江戸へ送致される
6	1601	30	5月1日　秀家、泉州堺にて家臣難波秀経に書状を与え、再起の意思を示す 6月　秀家、島津忠恒を頼って薩摩山川湊に着船する。この頃、出家して「成元」次いで「休復」と号し、大隅牛根に潜伏する
8	1603	32	2月12日　徳川家康、将軍宣下を受ける

				8月6日　秀家、大隅牛根を出立し、上方に向かう **8月27日**　秀家、伏見に到着する。翌日、西笑承兌に自らの助命のための尽力を依頼する **9月2日**　伏見の徳川家康、秀家の助命と駿河久能（実際は駿府城）への移送を決定する
	9	1604	33	**11月14日**　寿星院（秀家の養女）、伏見宮貞清親王に嫁ぐ **12月**　慶長地震。秀家、伊豆下田にて罹災する
	10	1605	34	4月16日　徳川秀忠、将軍宣下を受ける **5月**　京都にて樹正院の従者、近衛信尹の小姓と喧嘩する
	11	1606	35	**4月**　秀家・孫九郎（秀隆）・小平次ら、八丈島へ流罪となる。のち秀家は「休復」から「休福」へと改称する
	13～14	1608～09	37～38	**この頃**　芳春院（前田利家正室）、八丈島の秀家らへ物資を送付する。また、八丈島の宇喜多孫九郎（秀隆）、精神に異常を来すという
	15	1610	39	**8月以前**　樹正院、上方から加賀金沢へ移住する
	19	1614	43	11月～12月　大坂冬の陣
元和	元	1615	44	4月～5月　大坂夏の陣 5月8日　大坂城にて淀殿・豊臣秀頼が自害する（豊臣氏滅亡） **10月8日**　理松院（秀家の娘。山崎長郷室、次いで富田重家室）が死去する
	2	1616	45	4月17日　駿府城にて徳川家康が死去する **6月24日**　寿星院（秀家の養女。伏見宮貞清親王室）が死去する

	9	1623	52	**9月11日？ 坂崎出羽守（秀家の従兄弟浮田左京亮。石見津和野城主）が死去する** 7月27日 徳川家光、将軍宣下を受ける
寛永	7	1630	59	**7月 難波秀経（秀家旧臣）、加賀金沢の樹正院を訪問する**
	8	1631	60	**春 加賀（金沢）藩前田家から八丈島へ音信あり**
	9	1632	61	正月24日 江戸城にて徳川秀忠が死去する
	11	1634	63	**5月23日 加賀金沢にて樹正院が死去する（61歳没）**
	13	1636	65	**7月13日 中村刑部（次郎兵衛・家正。秀家旧臣。加賀藩士）が死去する**
	14	1637	66	10月 天草・島原一揆（翌年2月まで）
	15	1638	67	**6月23日 秀家（休福）親子、八丈島からの出島をめぐる尽力などを花房幸次（秀成の子）に謝す**
慶安	元	1648	77	**8月18日 宇喜多孫九郎（秀隆）、八丈島にて死去する（58歳没）**
	4	1651	80	4月20日 江戸城にて徳川家光が死去する 8月18日 徳川家綱、将軍宣下を受ける
明暦	元	1655	84	**11月20日 秀家（休福）、八丈島にて死去する**
	2	1656		**7月 加賀（金沢）藩前田家から八丈島の浮田小平次へ物資を送付する。加賀藩士今枝近義、秀家の死去を悼む**
	3	1657		**3月（ないし2月）5日 八丈島にて浮田小平次が死去する（61歳没）**

大西泰正（おおにし　やすまさ）

1982年岡山県生まれ。2007年、京都教育大学大学院修了、専門は織豊期政治史。現在、石川県金沢城調査研究所所員。主な著書に『豊臣期の宇喜多氏と宇喜多秀家』『宇喜多秀家と明石掃部』（以上、岩田書院）、『宇喜多秀家』（戎光祥出版）、『論集　加賀藩前田家と八丈島宇喜多一類』（桂書房）、『前田利家・利長―創られた「加賀百万石」伝説』（平凡社）、『「豊臣政権の貴公子」宇喜多秀家』（角川新書）。編著書に『備前宇喜多氏』（岩田書院）、『前田利家・利長』（戎光祥出版）などがある。

［中世から近世へ］

宇喜多秀家　秀吉が認めた可能性

発行日　2020年９月16日　初版第１刷

著者　大西泰正
発行者　下中美都
発行所　株式会社平凡社
〒101-0051　東京都千代田区神田神保町3-29
電話（03）3230-6581［編集］（03）3230-6573［営業］
振替　00180-0-29639
ホームページ　https://www.heibonsha.co.jp/
印刷・製本　株式会社東京印書館
DTP　ダイワコムズ、平凡社制作

ISBN978-4-582-47749-8
NDC分類番号210.47　四六判（18.8cm）　総ページ284

水軍と海賊の戦国史

小川雄

戦国大名に協力し、江戸時代にも徳川将軍家の支配を支えた「水軍」は、いつ終息したのか。

天下人と二人の将軍

信長と足利義輝・義昭

黒嶋敏

室町幕府滅亡までの約20年、将軍義輝期の政治を押さえ、信長―義昭の政治史を読み解く。